DEPRESSÃO & DOENÇA NERVOSA MODERNA

CONSELHO EDITORIAL

André Luiz V. da Costa e Silva

Cecilia Consolo

Dijon De Moraes

Jarbas Vargas Nascimento

Luís Augusto Barbosa Cortez

Marco Aurélio Cremasco

Rogerio Lerner

Blucher

DEPRESSÃO & DOENÇA NERVOSA MODERNA

Maria Silvia Borghese

2ª edição

Depressão & doença nervosa moderna
© 2024 Maria Silvia Borghese
Editora Edgard Blücher Ltda.

1ª edição – Via Lettera, 2004
2ª edição – Blucher, 2024

SÉRIE PSICANÁLISE CONTEMPORÂNEA
Coordenador da série Flávio Ferraz
Publisher Edgard Blücher
Editor Eduardo Blücher
Coordenador editorial Rafael Fulanetti
Coordenação de produção Andressa Lira
Produção editorial Luana Negraes
Preparação de texto Maurício Katayama
Diagramação Negrito Produção Editorial
Revisão de texto Gabriela Castro
Capa Leandro Cunha
Imagem da capa iStockphoto

Blucher

Rua Pedroso Alvarenga, 1245, 4º andar
04531-934 – São Paulo – SP – Brasil
Tel.: 55 11 3078-5366
contato@blucher.com.br
www.blucher.com.br

Segundo o Novo Acordo Ortográfico, conforme 6. ed. do *Vocabulário Ortográfico da Língua Portuguesa*, Academia Brasileira de Letras, julho de 2021.

É proibida a reprodução total ou parcial por quaisquer meios sem autorização escrita da editora.

Todos os direitos reservados pela Editora Edgard Blücher Ltda.

Dados Internacionais de Catalogação na Publicação (CIP)
Angélica Ilacqua CRB-8/7057

Borghese, Maria Silvia
  Depressão & doença nervosa moderna / Maria Silvia Borghese. – 2. ed. – São Paulo : Blucher, 2024.
  224 p. (Série Psicanálise Contemporânea / coord. de Flávio Ferraz)

Bibliografia
ISBN 978-85-212-2036-7

1. Depressão mental. I. Título. II. Ferraz, Flávio. III. Série.

23-7026   CDD 616.8527

Índice para catálogo sistemático:
1. Depressão mental

Conteúdo

(Re)Apresentação   7

Prefácio à segunda edição   13

Prefácio à primeira edição: sobre a recodificação mercantil do sofrimento   19

Introdução   27

Parte I. O que é depressão?   37

1. Sujeitos deprimidos, depressivos   39
2. Depressão, elação, diferentes humores   65
3. Depressão e suas terapêuticas   103

Parte II. A ideologia da depressão   123

4. Como investigar a ideologia da depressão   125
5. A venda da alegria na lógica da depressão   145

Considerações finais   201

Referências   211

(Re)Apresentação

Este livro teve sua primeira edição publicada há quase duas décadas.[1] Sua peculiar trajetória sustenta por si só a decisão de relançá-lo agora. Nos anos 1990, durante a pesquisa de campo para a elaboração de minha dissertação de mestrado,[2] comecei a me dar conta de que *depressão* se tornara uma palavra que concentrava e abrangia múltiplas significações; seu uso leigo se disseminou, substituindo expressões antigas e consagradas. As pessoas passaram a ter *depressão* em vez de *sofrer dos nervos* ou *do sistema nervoso*. Interessaram-me, sobretudo, as mudanças diagnósticas que encontrava em prontuários médicos do acervo que vinha pesquisando em um grande ambulatório no centro de São Paulo. A maioria dos pacientes, agora, tinha depressão e tomava medicação antidepressiva. Na clínica, começava a me deparar com o mesmo tipo de fenômeno: as pessoas se diziam deprimidas e manifestavam o desejo

---

[1] A primeira edição foi publicada em 2004 pela editora Via Lettera com o auxílio da Fapesp (esgotada em 2012).
[2] Dissertação de mestrado defendida no Programa de Estudos Pós-Graduados em Psicologia Social da Pontifícia Universidade Católica de São Paulo (PUC-SP), no Núcleo de Teoria Crítica da Sociedade, em 1997, sob a orientação do prof. dr. Odair Sass.

de ser *medicadas*. O sujeito contemporâneo se descrevia como deprimido, o fenômeno clínico era inegável, mas à psicanálise nunca bastou a descrição pura e simples de sintomas, visando a extirpá-los, e, por isso, a busca de uma reflexão propriamente psicanalítica desse estado de coisas me levou a escrever o presente livro, decorrente da pesquisa empreendida durante meu doutoramento.[3]

Freud há muito demonstrou que a mirada no sofrimento psíquico e a compreensão dos fenômenos mentais o conduziram a um desvelamento agudo das condições sociais que levam ao adoecimento mental do homem. Seus chamados *textos sociais* são ainda instrumentos potentes para o desvendamento do que hoje denominamos de *patologias do social como fontes do sofrimento psíquico do sujeito contemporâneo*. Como psicanalistas, obviamente, sabemos que a abrangência multidisciplinar é imprescindível para a reflexão e o entendimento do adoecimento psíquico. No início dos anos 2000, já trilhávamos o caminho que, atualmente, no Brasil, está fortalecido e consolidado, pois cada vez mais é imprescindível compreender e desvelar quanto as graves mazelas decorrentes da sociedade desigual e injusta do neoliberalismo seguem adoecendo e restringindo a vida – e, consequentemente, a vida psíquica – dos sujeitos. O brilhante prefácio à primeira edição, escrito por Nelson da Silva Junior, republicado aqui, resulta de uma leitura acurada do livro e de suas próprias pesquisas psicanalíticas em diálogo com a filosofia, a sociologia e a psicologia social.

Havia uma efervescência no pensamento psicanalítico, que podia circular mais livremente depois dos tempos sombrios da Ditadura Militar brasileira. Porém, o livro foi recebido de maneira discreta, não alcançando grande repercussão. Lembro-me de participar de conferências e congressos em que ideias como

---

3 Tese de doutorado defendida na mesma instituição e mesmo núcleo, sob a orientação do prof. dr. José Leon Crochik.

medicalização e depressão decorrente de condições sociais eram recebidas com certa reserva mesmo entre alguns psicanalistas. Foi quase dez anos depois que o livro encontrou eco entre psicanalistas, psiquiatras e alunos em formação, esgotando assim a primeira edição, que havia tido uma tiragem de apenas mil exemplares.

Penso que a discussão central empreendida neste livro permanece válida, pois a *culpabilização* individual e o aprisionamento dos sujeitos à lógica depressiva seguem sendo os principais pilares de sustentação de um modo de vida, no qual a maioria das populações mundiais vive em condições bastante difíceis de subsistência, em contrapartida a um grupo reduzido de pessoas bilionárias, detentoras do poder econômico, político e cultural. Mesmo nas sociedades ditas democráticas, a violência tácita se dissemina por meio de noções como *meritocracia, qualidade de vida* e *empreendedorismo*.

Em tempos de redes sociais, a vida nunca foi tão administrada e controlada. As pessoas são submetidas à lógica narcisista das construções individualmente bem-sucedidas, sendo confrontadas com sua dimensão de fracasso diariamente, uma vez que a exclusão dessa grande parcela da população sem acesso aos bens de consumo e a condições dignas de existência está assentada exatamente na exacerbação do mal-estar individual e da depressão de cada um. As sociedades capitalistas, neoliberais, estruturam-se nas classificações dos sujeitos a partir de suas características, suas impossibilidades e seus sofrimentos, compreendidos a partir de suas próprias inabilidades e incompetências em se tornar empreendedores de si mesmos, mas, sobretudo, de corresponder aos padrões de vida ditados. É preciso ter a aparência correta, a raça pura, o gênero binário etc.

A psicanálise se vê confrontada com importantes discussões sobre a cena social, resumida anteriormente, pois racismo, homofobia, misoginia, xenofobia, pobreza e miséria, estruturais na sociedade capitalista, são a origem da absoluta maioria das condições de adoecimento mental das populações. Obviamente, tornou-se fundamental a democratização do acesso ao tratamento psicanalítico e a formação de psicanalistas oriundos das classes sociais mais pobres e submetidas a esse estado de coisas, colocando, além disso, a necessidade de revisão da teoria, da produção de pensamento psicanalítico a partir dessa abrangência de conhecimentos que envolvam não apenas outras disciplinas, mas sobretudo os autores que geralmente são silenciados e ocultados nos espaços de formação psicanalítica ou acadêmica. Cito aqui, especialmente, o importante resgate que vem sendo feito de autores como Neusa Santos Souza, Frantz Fanon, Achille Mbembe, Eliane Potiguara, Ailton Krenak e Davi Kopenawa.

Com a ascensão do *neofascismo* no Brasil e a chegada da pandemia do coronavírus no começo dos anos 2020, viu-se uma escalada de adoecimento e sofrimento mental exponencial, com consultórios de psicoterapia lotados, atendimentos online sendo feitos em série. Evidenciou-se, de modo inquestionável e ampliado, que as condições de vida adoeciam psiquicamente, tanto pelo confinamento da parcela da população privilegiada quanto pela exposição compulsória das pessoas que não tinham meios de se proteger da contaminação pelo vírus. A população mais pobre, periférica, majoritariamente preta, viu-se muito mais impactada pelo desemprego e pelo agravamento da falta de serviços e condições dignas de vida. A explicação das doenças mentais pela perspectiva organicista ou individualizada não era suficiente para a compreensão do agravamento das crises depressivas e de ansiedade e das tentativas de suicídio, em uma sociedade que atravessava uma espécie de luto coletivo sem precedentes.

Claro está que as práticas psicoterapêuticas, entre elas a psicanálise, são instrumentos fundamentais para o tratamento e o suporte ao sofrimento psíquico. Vimos acontecer uma importante proliferação de projetos públicos e coletivos de atendimento às populações mais impactadas. Porém, a reflexão sobre as atuais condições de existência obriga não apenas a intervenções coletivas, mas também à implementação de políticas públicas, assentadas em debates consistentes sobre a dimensão social do adoecimento mental.

Na medida em que as práticas psicoterapêuticas, especialmente a psicanálise, passam a ser demandadas a dar respostas e soluções ao adoecimento mental, retornam também as críticas ferozes à sua suposta *não cientificidade*. Tomando como critérios princípios da ciência exata, alguns autores passaram novamente a tentar desqualificar a teoria e a prática da psicanálise. Desde o seu surgimento, ataques à cientificidade da psicanálise acontecem de tempos em tempos, a partir de publicações de amplo alcance midiático, que, defendendo critérios "positivistas", acabam por encerrar nos próprios sujeitos a origem e a manutenção de seu sofrimento mental. No presente livro, busquei demonstrar quanto o discurso patrocinado pelas indústrias farmacêuticas visa à fidelização das populações como mercado consumidor de medicações antidepressivas e outras. Para tanto, a compreensão individualizante é necessária. O sujeito empreendedor de si mesmo seria o único responsável por seus fracassos e seu adoecimento físico e mental.

Vale destacar que essa não é uma discussão secundária entre diferentes campos de conhecimento acerca do adoecimento psíquico. Na verdade, encontra-se nela o cerne da sustentação da atual lógica social que, quanto mais questionada e desvelada, mais tende a caminhar para o acirramento de polarizações, seja no âmbito político, seja no econômico. As cisões, assim exacerbadas, permitem-nos compreender o surgimento de cada vez mais praças de guerra, pois, quando os mecanismos de repressão e controle são desvendados e fragilizados, resta, como sempre, o poder da força, a violência direta contra os corpos, a morte.

Nesse sentido, a reedição do presente livro tem pertinência. Trata-se de promover reflexão conjunta e buscar diálogo entre diferentes saberes e práticas no campo da saúde mental, incluindo os avanços da medicina e da psicofarmacologia, pois a reflexão coletiva e multidisciplinar é, a meu ver, a via possível para o enfrentamento conjunto da grave crise social que enfrentamos.

Muito me honrou, assim, a disposição de Marilena Chaui – grande pensadora de nossos tempos, que dispensa qualquer apresentação – em escrever o prefácio a esta nova edição. Analisando o abandono, por parte da medicina, da clínica que incluía o sujeito, Marilena corrobora a posição aqui defendida de que a complexidade e a densidade das questões abordadas exigirão, cada vez mais, reflexão acerca do que hoje se denomina frequentemente de *sociedade depressiva*.

Um último aspecto, não menos importante, contribuiu significativamente para esta reedição: o diálogo com colegas psicanalistas ao longo dos anos. Cito, especialmente, os colegas docentes do curso Psicopatologia Psicanalítica e Clínica Contemporânea do Departamento de Psicanálise do Instituto Sedes Sapientiae, que usam este livro como bibliografia regular, mesmo esgotada sua primeira edição; colegas, alunos e ex-alunos do curso de Psicanálise do mesmo departamento, que seguem solicitando cópias do livro, como um instrumento que pode contribuir para suas reflexões e produções; o colega e amigo Flávio Ferraz, que não hesitou em incluí-lo na Série Psicanálise Contemporânea, por ele coordenada. Além disso, agradeço enfaticamente à editora Blucher, por apostar nessa ideia, concedendo-me uma vez mais o privilégio de ter propagadas minhas ideias, em sua importante iniciativa de difusão da psicanálise – e sua perspectiva artesanal –, sempre confrontada pela lógica industrial, recentemente travestida de *inteligência artificial*. Muito a fazer no enfrentamento da violência, que segue submetendo nossos corpos e mentes.

Maria Silvia Borghese

outubro de 2023

Prefácio à segunda edição

Ao iniciar *O nascimento da clínica*, Foucault examina o momento em que a pergunta do médico ao paciente se distancia definitivamente daquela feita pelo médico antigo. O clínico moderno pergunta ao paciente: "Onde dói?". O médico antigo indagava: "O que você sente?". Enquanto o clínico moderno olha o paciente como um corpo feito de partes isoláveis e localiza a doença numa dessas partes – aquela onde *dói* –, o médico antigo olhava o paciente como um vivente e um ser no mundo.

Se nos acercarmos da medicina antiga, observaremos que conhecer um/uma paciente é conhecer o mundo no qual vive e com o qual se relaciona desde o nascimento. Eis por que o médico hipocrático praticava a *epidemía*, isto é, visitava todos os lugares para conhecê-los diretamente, residindo em cada lugar por algum tempo e viajando sempre (não era o/a paciente que ia ao médico, mas este que ia até o/a paciente). Compreendemos, então, por que o diagnóstico comportava também um momento inicial de diálogo entre o médico e o/a paciente, com a finalidade de realizar a *anamnése*, isto é, graças às perguntas do médico, o/a paciente se tornava capaz de narrar os acontecimentos que antecederam o momento da doença e descrever as ações que realizara ou recebera de outros.

O médico indagava quando e onde o/a paciente nascera, seus hábitos alimentares, de trabalho, lazer e exercícios, o que lhe causa prazer e desprazer, seu interesse ou desinteresse pelas artes e ofícios, seu interesse ou desinteresse pelas crianças; perguntava também em que momento o/a paciente percebera que estava ficando doente (dia ou noite, inverno ou verão, início ou final da gravidez etc.), onde estava (em casa, ao ar livre, no litoral, na montanha, na cidade, no campo, nos jogos ou no teatro; no caso das mulheres, fiando e tecendo etc.), com quem estava (sozinho/a, com a família, com amigos etc.), o que fazia (trabalhava, caminhava, corria, bebia, descansava, dormia, estava desperto/a, fazia sexo, estava no ginásio fazendo ginástica, estava no jardim colhendo flores ou frutos etc.), como sentira a doença (uma dor localizada, uma dor não localizada, uma excreção, um vômito, uma coceira, uma palpitação, uma dificuldade para deglutir ou para respirar etc.), como a estava vivendo (além das dores físicas e do mal-estar, quais sonhos estava tendo, que aflições e temores haviam surgido – particularmente no caso das grávidas –, que desgostos estavam causando preocupação e tristeza etc.). Ao terminar a anamnése, paciente e médico dispunham das informações e dos sinais mais importantes da ocasião e da forma da doença. Em outras palavras, o/a doente não permanecia passivo/a diante do saber do médico, mas participava da elaboração do conhecimento de sua doença, ainda que, a seguir, não pudesse ter a mesma participação quando o médico iniciasse o tratamento.

Essa medicina não era uma ciência, mas uma *arte* ou uma habilidade para operar com o que está sempre em mudança. Por que arte? Porque não bastava o médico conhecer a ordem necessária dos corpos em movimento, isto é, em mudança, mas precisava enfrentar tudo quanto acontecera e acontece ao/à paciente em decorrência dos encontros inesperados entre seu corpo e os outros corpos; por isso, sua ação terapêutica precisava vencer o acaso. A arte médica exigia qualidades muito determinadas para quem a praticava:

- golpe de vista (perceber instantaneamente a unidade do diverso e a multiplicidade da unidade, sabendo distinguir, num todo, o que é essencial e o que é dispensável);
- expediente ou engenho (capacidade para encontrar rapidamente um caminho ou uma solução inesperada para resolver uma aporia com habilidade e sutileza);
- capacidade de agarrar o que é fugidio;
- facilidade para estabelecer analogias (ser capaz de estabelecer comparações entre coisas visíveis para conhecer coisas invisíveis, ou ir do conhecido ao desconhecido);
- rapidez para tomar decisão e senso de oportunidade (percepção do momento ideal para realizar a ação; caso o momento seja perdido, a ação jamais poderá ser realizada, pois momento oportuno se diz em grego *kairós*, o tempo certo, o instante extremamente rápido, fugidio e imprevisível, decisivo numa ação).

Podemos assim compreender o sentido do aforismo que abre os escritos de Hipócrates sobre a medicina: "A vida é breve; a arte é longa; o momento oportuno, fugidio; a experiência, vacilante; o diagnóstico, difícil". Convém ainda lembrarmos que o tratado hipocrático *Da natureza do homem* (Hippocrates, 1849) nos esclarece quanto ao que a medicina antiga entendia por *phýsis* (natureza) humana e por que a *physiología* era inseparável da *psychología*, ou seja, as relações entre o corpo e a *psyché*. A arte médica era, portanto, uma medicina do corpo e da alma, uma arte fundada em duas ideias: a de que o corpo humano é constituído por quatro elementos – terra, fogo, ar e água – e por quatro humores, isto é, quatro líquidos – sangue, fleugma, bílis amarela e bílis negra (*melanes cholé*). A fisiologia dos quatro elementos e dos quatro humores permitia uma relação intrínseca entre fisiologia e psicologia, pois a *psyché* exprime como os elementos e os humores se combinam, quais deles são dominantes e qual é o principal traço do temperamento de alguém ou sua índole: sanguíneo (coragem), fleugmático (complacência e indiferença), bílis amarela (cólera) e bílis negra (melancolia).

Mas não só isso. Entre os temperamentos ou índoles, a melancolia era considerada o caráter próprio dos seres excepcionais: heróis, sábios, filósofos e políticos, isto é, daqueles que se voltam para o bem, a justiça e a verdade.

A Renascença encontra no médico e filósofo Marsílio Ficino os mais belos textos sobre a melancolia. Com efeito, embora seja um temperamento próprio das grandes almas, a melancolia corre o risco permanente de adoecer, oscilando entre a fúria e uma tristeza sem fim. Eis por que a medicina, entendida como magia natural ou conhecimento dos vínculos de simpatia e antipatia entre os seres, deve proteger o temperamento melancólico por meio de um *pharmakós* especial, o *talismã*. Um talismã é sempre um objeto individualizado, pois se destina a uma pessoa determinada, conhecida de si mesma e do médico graças à anamnése (seria impossível, para não dizer ridículo, a ideia de um talismã idêntico para todos). Um talismã articula e vincula seres (flores, frutos, pedras preciosas, tecidos) e qualidades (cor, textura, peso e leveza, perfume, gestos) cuja *sympathia* protege aquele ou aquela a quem é destinado, porque eleva e anima o espírito de alguém para que a melancolia se realize como plenitude positiva e não adoeça. Em outras palavras, a melancolia *não é doença* da alma, e sim um temperamento que pode adoecer e solicita cuidados especiais. Eis por que Ficino encomendou um talismã para seu discípulo melancólico, Lorenzo de Médicis: a *Primavera* de Botticelli, que deveria ser colocada numa pequena sala especial e ser contemplada durante várias horas todos os dias.

Se considerarmos a longa história da medicina dos humores e a compararmos à cientificidade do saber médico desenvolvido desde o final do século XIX até nossos dias, veremos que Maria Silvia coloca duas questões que atravessam o presente livro do começo ao fim.

A primeira indaga como e por que a medicina moderna, sob a forma da psiquiatria e da neurofisiologia, abandona (aparentemente) a relação do/da paciente com o mundo, constitutiva da saúde e da doença. Por que esse abandono é *aparente*? Porque, na verdade, ele exprime, sem o saber, a determinação socioeconômica da doença e por isso exige que seja posta a questão fundamental: o que se passa com o mundo psíquico quando o capitalismo ocupa a totalidade da cena histórica?

A segunda indaga como e por que passamos dos *pharmakós* individualizados e imersos no mundo de cada um de nós à generalidade anônima e identitária dos psicotrópicos. Partindo da ideia de Adorno e Horkheimer sobre a razão moderna como barbárie, Maria Silvia nos permite indagar: como foi possível que a melancolia, temperamento sublime, se transformasse em doença, primeiro como "doença dos nervos" e, a seguir, com o nome genérico de depressão, como desgraça humana, dando origem a um novo tormento, isto é, a obrigatoriedade da alegria a todo custo e a qualquer preço, fechando o espaço mental e o espaço social sob o poderio da indústria farmacêutica?

Marilena Chaui
São Paulo, novembro de 2023

Prefácio à primeira edição: sobre a recodificação mercantil do sofrimento

Uma apresentação adequada do excelente trabalho realizado pela colega e amiga Silvia Borghese neste livro deveria iluminar, a meu ver, seu sentido político. Pois, diante da banalização da depressão em nossa sociedade, sua reflexão posiciona-se de um ponto de vista crítico, examinando os bastidores de tal banalização e trazendo à superfície seu sentido profundo – a saber, aquele de uma inquietante hegemonia da economia sobre o psiquismo no mundo contemporâneo. Com efeito, uma das características mais frequentemente apontadas como a marca da "pós-modernidade" localiza-se, precisamente, na preocupante subordinação da cultura e da subjetividade ao registro econômico.

Desde a Segunda Guerra Mundial, contudo, Adorno – filósofo cujo pensamento, junto ao de Freud, é uma das principais referências da investigação da autora – propôs esse mesmo sombrio diagnóstico cultural do Ocidente: a redução da razão humana a modos de pensamento puramente instrumentais, a mercadorização da cultura sob a forma da indústria cultural e a submissão dos interesses humanos a prioridades econômicas. O aspecto preocupante diz respeito, conforme Adorno, ao funcionamento da racionalidade humana, que, longe de se constituir em mera ferramenta de domínio da natureza, volta-se contra a própria natureza do homem.

Note-se que esse retorno da racionalidade contra a própria natureza humana é particularmente inquietante no âmbito da *indústria cultural*, na qual, para além de seu estatuto de mercadoria, a cultura tornou-se um meio de produção de comportamentos. Mais especificamente, a cultura adquiriu a função de *meio de produção de comportamentos de consumo*. Não se trata apenas de vender imagens e discursos por meio do cinema, televisão, rádio, internet – veículos de venda de mercadorias de natureza cultural –, mas também da utilização da própria imagem como um sutil instrumento da venda de mercadorias. Não apenas ideais estéticos e sensoriais podem se tornar meio da indústria da produção de consumo de roupas, hábitos de higiene ou alimentares. Podem ser também produzidas identidades, prazeres, valores morais e mesmo outras formas de adoração religiosa; ou seja, qualquer processo psíquico pode se tornar uma ferramenta eficaz da produção de consumo. Para tanto, deve-se simplesmente, a cada vez, tanto criar quanto recodificar experiências em comportamentos humanos comercializáveis. De fato, pode-se dizer que o que caracteriza o momento atual da *razão instrumental* diz respeito, sobretudo, ao *aspecto exponencial* deste processo de tradução de formas de sociabilidade e de cuidados de si em elementos que as tornem acessíveis à lógica mercantil.

Ora, o trabalho de Silvia indica que até mesmo nossas formas de adoecimento não escapam de tal lógica de recodificação mercantil. Nesse sentido, este trabalho faz uma releitura da articulação do campo da cultura com o campo da indústria farmacêutica, a partir das lógicas da depressão. Para tanto, a autora realiza uma arqueologia da depressão enquanto modalidade do adoecimento psíquico pós-moderno, *par excellence*, investigando as mudanças que esse novo modo de adoecimento exigiu da linguagem, dos sujeitos, das instituições de saber e da cultura.

Enquanto instrumento estratégico desse processo de recriação da depressão como doença pós-moderna, a psiquiatria exerce um papel fundamental em dois sentidos. Em primeiro lugar, como uma ciência prática, com o desenvolvimento, a partir dos anos 1950, de uma tecnologia de medicamentos finalmente eficaz no controle dos efeitos das depressões graves. Em segundo, do ponto de vista teórico, a partir da reorientação pragmática e convencionalista da epistemologia da clínica psiquiátrica. Com efeito, a história dos manuais das séries DSM e CID demonstra um progressivo abandono do ponto de vista causal. Tal reorientação epistemológica, que exige da psiquiatria seu distanciamento de uma noso*logia* em detrimento de uma noso*grafia* purificada de quaisquer hipóteses, busca oferecer critérios exclusivamente empíricos para o diagnóstico das doenças, apontando não apenas quais são os sintomas, como também a quantidade e a duração necessárias para a atribuição de certo diagnóstico.

Cabe notar que, se essas duas facetas permitiram um renascimento simbólico e acadêmico sem precedentes para a disciplina psiquiátrica, elas foram também elementos fundamentais no processo de recodificação mercantil da depressão. Assim, se, por um lado, a psiquiatria adquiriu um maior poder terapêutico apoiada nos avanços da neurofisiologia, por outro, o princípio convencionalista da classificação das doenças foi um passo estratégico para o desencadeamento e a manutenção de um processo virtualmente infinito de renomeação de grupos de sintomas, cuja "coerência interna" passou a ser, naturalmente, definida pelos efeitos de novas drogas sobre o psiquismo. Assim, finalmente a psiquiatria pode inverter a ordem do seu processo de produção de conhecimento e de ação terapêutica: em vez de esperar passivamente as doenças surgirem e tentar curá-las, pode passar a definir de antemão e criar ativamente as patologias de sua competência, organizando-as em torno dos agrupamentos, da morfologia, da intensidade e da duração de sintomas que empiricamente desaparecessem sob a ação de drogas com ação neuroquímica. Tais foram os avanços científicos da psiquiatria preliminares ao processo de recodificação mercantil da depressão.

Entretanto, esse processo inclui ainda outros elementos. Em primeiro lugar, aquilo que a autora apresenta como a "banalização" e a "naturalização" da depressão. A banalização é um fenômeno recente em nossa sociedade, constatável pela percepção de uma crescente popularização dos discursos sobre a depressão no âmbito leigo, assim como uma inflação inusitada do diagnóstico de depressão no âmbito médico como um todo. Com efeito, para além da clínica psiquiátrica enquanto tal, o diagnóstico e o tratamento da depressão são hoje comumente realizados por clínicos gerais, ginecologistas e outros especialistas sem formação psicopatológica específica. Nesse sentido, a depressão banalizou-se. Mas tal banalização está associada a discursos que a naturalizam, isto é, que a apresentam como uma condição "natural" do ser humano, resultante de distúrbios orgânicos e, portanto, em última instância, desvinculados do contexto histórico.

Cabe notar que aqui se abre um campo teórico que convida o referencial psicanalítico para a discussão. Ora, a obra freudiana possui teses que parecem sugerir uma legitimidade à ideia de uma depressão congênita ao ser humano. Pois, como bem retoma Silvia, é a própria vida em civilização que, segundo a concepção freudiana, exige renúncias pulsionais de extrema importância. Tais renúncias têm um preço psíquico sob a forma de uma insatisfação compulsória inerente à vida em sociedade e seus derivados, como a hostilidade e a frustração. Ora, o estilo de vida da sociedade burguesa representou um aumento considerável das renúncias pulsionais e, consequentemente, de seus efeitos psicopatológicos. Entretanto, tais hipóteses não resumem o conjunto das proposições freudianas sobre o sofrimento do homem civilizado. Com efeito, desde 1908, em *Moral sexual civilizada e doença nervosa moderna*, Freud convida a sociedade burguesa a uma autorreflexão a respeito de suas normas e valores, sugerindo explicitamente a franqueza e a verdade a respeito dos assuntos sexuais como os melhores remédios para a hipocrisia moral da época e suas consequências psíquicas. Claro está que, se, por um lado, a psicanálise aponta o caráter inevitável do mal-estar da vida em civilização, por outro, ela também aposta na minimização de tal sofrimento, buscando *reduzir a dor neurótica ao sofrimento humano comum*. Assim, as teses freudianas sobre o sofrimento inerente e inevitável da vida em sociedade não impedem a realização de uma crítica social genuinamente psicanalítica, que preserva o sentido crítico das formas de sofrimento e, consequentemente, da depressão.

Ora, no atual processo de banalização e naturalização da depressão, opera-se uma ressignificação desta como uma doença de origem meramente orgânica, privando-lhe o sentido de uma *forma de reação aos acontecimentos* e, portanto, invalidando, *a priori*, qualquer vocação crítica do sujeito diante de sua realidade. Assim, a autora desmonta algumas peças importantes da função ideológica da naturalização da depressão, que age como um potente instrumento de controle social por meio da renomeação de afetos como insatisfação e tristeza em termos de "depressão".

Com efeito, na lógica do discurso que naturaliza a depressão, o responsável último pela doença se torna o próprio indivíduo, ainda que sua responsabilidade se refira a um déficit ou irregularidade deste ou daquele elemento neurofisiológico. Entretanto, esse mesmo discurso o informa que a ciência já se encontra suficientemente avançada para oferecer uma solução concreta para tais problemas, uma vez que há vários medicamentos capazes de corrigir tais deficiências. Nesse momento, o sujeito está preparado para começar a exercer seu papel: o de consumidor. Sua insatisfação, inconformismo e tristeza deixaram de ser reações compreensíveis às adversidades de sua existência e passaram a significar distúrbios neuroquímicos, passíveis de uma correção medicamentosa. Contudo, o trabalho de recodificação não termina aqui, já que um novo problema se coloca, aquele de conquistar a fidelidade desse novo consumidor. Será então que outra ciência poderá desdobrar suas competências, aquela do *marketing*?

Gostaria de chamar a atenção do leitor especialmente para essa etapa do trabalho de Silvia. Com efeito, a autora demonstra ali toda a transversalidade de sua escuta analítica e realiza um primoroso deciframento da semiótica dos antidepressivos. Assim, entre outros elementos que constituem um quadro semântico de extrema coerência, a autora isola, por exemplo, a apresentação publicitária da alegria como um estado afetivo sem relação histórica, que tem como única referência a neurofisiologia. Tal referência permite apresentar a alegria como um estado afetivo à mão, passível de ser obtido pela medicação a qualquer momento e por toda a vida. Fica demonstrado então que a recodificação mercantil da depressão exige um amplo processo, no interior do qual se trata de produzir, *por inteiro*, novos modos de subjetivação voltados para a produção e controle do comportamento de consumo.

Diante desse conjunto de fenômenos isolado e elaborado criticamente pelo excelente trabalho de Silvia, gostaria de concluir este Prefácio retomando o sentido da dimensão política da reflexão em ciências sociais.

O projeto de desconstrução sistemática de conceitos e modelos teóricos visa a explicitação de mecanismos de violência simbólica sobre o sujeito. Conceitos cuja presença relativamente anônima na cultura tem efeitos reificantes sobre a subjetividade. Com efeito, o anonimato intrínseco às estruturas simbólicas sugere, a princípio, a ideia de uma forma de inumanidade que oprime o homem.

Entretanto, tais estruturas, enquanto produtos culturais, remetem ao próprio homem a responsabilidade da opressão da qual é vítima, retirando-lhe o véu do anonimato. Eis resumidamente o momento no qual uma ação conceitual *sobre* os conceitos, no sentido de uma *desconstrução*, assume toda a sua significação política e social.

Nisso reside o posicionamento ético inerente a qualquer investigação em ciências humanas: seu papel libertador ou opressor, seu sentido contrário ou conivente com o sufocamento da liberdade objetiva, que utilizo aqui no sentido de Hannah Arendt, isto é, no sentido de liberdade política, e não de "liberdade interior" do ser humano. O desvelamento das intencionalidades subjacentes à determinação técnica da essência humana constitui-se hoje como uma modalidade de ação política necessária e urgente. Com efeito, trata-se de uma ação política na medida em que representa uma forma de cuidado com a possibilidade de uma ação que deve ter na liberdade um dos seus princípios fundamentais. Nesse sentido, o inestimável trabalho intelectual de Silvia Borghese representa uma bem-vinda conquista política para a psicanálise.

Nelson da Silva Junior
São Paulo, abril de 2004

Introdução

> *Não consegui chegar a nada, nem mesmo tornar-me mau: nem bom nem canalha nem honrado nem herói nem inseto. Agora, vou vivendo os meus dias em meu canto, incitando-me a mim mesmo com o consolo raivoso – que para nada serve – de que um homem inteligente não pode, a sério, tornar-se algo, e de que somente os imbecis o conseguem. Sim, um homem inteligente do século XIX precisa e está moralmente obrigado a ser uma criatura eminentemente sem caráter; e uma pessoa de caráter, de ação, deve ser sobretudo limitada.*
>
> Dostoiévski (1864/2000, p. 17)

Causa forte impressão a leitura atenta da novela *Memórias do subsolo*, de Fiódor Dostoiévski. O personagem principal, um homem de 40 anos, parece extraído, como que por antecipação, das entrelinhas de alguns dos textos que Freud veio a publicar posteriormente, sobretudo acerca do mal-estar do homem contemporâneo. O escritor russo apresenta um personagem melancólico, ensimesmado, que, a partir de seus conflitos e dilemas psíquicos, vai desferindo duras e precisas críticas à sociedade russa do final do século XIX. Acompanhar o personagem já na apresentação inicial que faz de si mesmo e, em seguida, observá-lo no doloroso embate com o seu existir é uma árdua tarefa que imediatamente coloca em xeque a perspectiva da vida do próprio leitor, do sujeito que vem conseguindo ser. Por outro lado, o desconforto e o estranhamento que esse homem *civilizado* experimenta diante dos confrontos sociais também remetem às observações de Adorno acerca da total dificuldade que o ser humano contemporâneo encontra em se reconhecer a partir das estruturas totalizantes da sociedade, que o oprimem e o *despersonalizam*.

Certamente, na literatura dos últimos séculos, será sempre possível encontrar peças brilhantes que tratam com agudeza dessa triste e contraditória relação entre o ser humano contemporâneo e a civilização que ele mesmo criou. Contudo, nesse texto citado, intensifica-se um importante aspecto analisado no presente trabalho: a *naturalização* da depressão, compreendida, por um lado, como fenômeno de origem biológica e, por outro, como saída inevitável do ser humano diante dos limites que a civilização moderna lhe impõe, que se sustenta justamente no esvaziamento do sujeito, transformado em um número do registro social. A sensação de nada ser – nem mesmo um inseto – é a marca do sujeito depressivo tão intensamente cooptado pela sociedade contemporânea.

Nessa medida, tornar a depressão uma síndrome explicativa do ser humano moderno resulta em uma generalização quase sempre passível de questionamento. A depressão, definida a partir de um conjunto abrangente de sintomas, pode ser equivocadamente compreendida a partir de quaisquer partes descritas. De modo geral, corre-se o risco de confundir o quadro depressivo, clinicamente verificável e composto por uma série de elementos que, conjugados, permitem o diagnóstico de um estado de sofrimento do sujeito, com os sintomas isolados que, a bem da verdade, podem ser apenas reações de qualquer sujeito diante de situações adversas da vida.

Essa indiscriminação acaba por anular a força da crítica que, na verdade, dá origem à produção sintomática das pessoas que se infelicitam com a vida, que não conseguem se sentir incluídas ou beneficiárias da felicidade total prometida pela sociedade industrial, com seus monumentais progressos tecnológicos e suas fáceis ofertas de alegria que podem ser compradas a crédito.

Explicita-se um paradoxo que merece ser investigado, pois o ser humano torna-se progressivamente triste e melancólico, portando uma denúncia contra si mesmo, que o converte mais ainda em reflexo de algo que o aprisiona, o gigantesco juízo analítico (Horkheimer & Adorno, 1944/1985). Porém, ao ser portador dessa dura crítica, por meio da sofisticação das estruturas da sociedade industrial e científica, explica a si mesmo em seu profundo desconforto, como forma de banalizar e anular aquilo que poderia ser colocado a serviço de um questionamento direto dessa mesma sociedade.

Em outras palavras, se o ser humano generaliza o seu mal-estar, ora experimentando um sentimento de culpa individual, ora tornando-se portador de uma doença orgânica que casualmente o aflige, ele deixa de direcionar a dura crítica subjacente ao seu estado de ânimo aos mecanismos sociais. Os avanços da sociedade industrial e o desenvolvimento científico coexistem em uma espécie de aliança, na qual o ser humano se vê enredado, pois a dominação o transforma em um ser alienado e *coisificado*, mais um produto.

Desde o século XIX, com os avanços alcançados pela medicina científica, a elaboração das classificações nosográficas da psiquiatria e o surgimento da psicanálise, busca-se a compreensão sistemática dos estados mentais do ser humano. O principal problema reside no fato de que esses instrumentos, que visam, por um lado, à libertação dos sujeitos, podem, por outro, se converter em meios de manipulação ideológica quando colocados a serviço da adaptação pura e simplesmente.

Hoje tudo é depressão. E, se tudo é depressão, a depressão é nada. Ao generalizar múltiplos e diferentes modos de reação psíquica diante do mundo interno e externo, o ser humano deve apenas se apaziguar e se acostumar com as reações naturais que seu limitado cérebro desencadeia, pois ele não só já sabe as razões de sua problemática, uma vez que a ciência lhe oferece a explicação, como também encontra meios de se tratar e conviver com suas mazelas.

Entretanto, não se pode deixar de observar a fragilidade subjacente às teorias explicativas do sujeito. O homem se aprisionou, como bem descreve Dostoiévski, em uma lógica perversa, que o condena a ser a vítima e/ou o algoz de si mesmo. A ser um nada, um sem caráter, portanto, sem existência, vagando no subsolo da sociedade, ou a ser um *nada*, um imbecil limitado e adaptado. Partindo da melancolia trágica e funesta até a depressão(zinha) cotidiana, deve procurar se manter na média, ser portador de um capital mínimo de energia psíquica, único cacife que o inclui na disputa pelo quinhão na *objetiva* lógica da vida material.

Em razão da complexidade dessa temática, que já se evidencia nas ideias levantadas até aqui, como escapar da sedutora armadilha presente nas pesquisas que, ao abordar questões amplas, tendem a se perder nas inúmeras possibilidades de caminhos que se entrecruzam? Uma vez que tratar da depressão do ser humano contemporâneo remete a grandes categorias da filosofia, da psiquiatria e da psicanálise, enfim, da reflexão sobre a existência humana, não cabe abordar a temática de forma tão ampla a ponto de convertê-la em mera reprodução da ideologia, pela simples e exaustiva circulação de ideias, enclausuradas em um labirinto.

Para tanto, buscou-se ressaltar, por meio dos eixos histórico, político e social, a apropriação ideológica do fenômeno depressivo, o que acarretou o acompanhamento da evolução do conceito "depressão", expressão que, no século XX, migrou da geografia para a economia e, finalmente, para a psiquiatria e ciências psicológicas de modo geral. Além disso, à luz de uma análise do sujeito e sua relação com a contemporaneidade, da constituição e estruturação da subjetividade burguesa e da melancolia como traço constitutivo, pretendeu-se elucidar, no âmbito social, a depressão como um fenômeno que se exacerba porque as estruturas sociais ao mesmo tempo fomentam indivíduos depressivos e lhes oferecem mecanismos de controle e adaptação.

De modo geral, os sistemas sociais têm se valido das ciências médicas (psiquiatria), psicológicas e da psicanálise, estimulando o desenvolvimento de técnicas e tecnologias que visam à resolução imediata dos entraves individuais. A consolidação da depressão como categoria da nosografia psiquiátrica é um fenômeno também originado pela ideologia do sistema dominante, que oferece explicações e mecanismos de controle das reações individuais que fogem e/ou questionam os padrões da coletividade. O principal entrave reside em encobrir que a depressão é também uma reação da subjetividade diante das dificuldades existenciais contemporâneas, colocando-se, nessa perspectiva, como sinalizadora das mazelas do humano civilizado.

Tanto na clínica psiquiátrica quanto na psicanalítica, os sujeitos apresentam-se deprimidos, sofrendo de um mal-estar que está efetivamente instalado em suas reações psíquicas e físicas, ocasionando prejuízos amplamente verificáveis. Contudo, o conceito de depressão também responde a uma construção ideológica, como tentativa, por parte das estruturas dominantes, de apropriação dos fenômenos individuais, uma vez que se visa a indivíduos deprimidos e depressivos em um nível que os mantenha, ao mesmo tempo, adaptados e produtivos. A tendência que explica a depressão orgânica e fisiologicamente confere à dimensão individual a culpa pelo adoecimento e, concomitantemente, retira do ser humano a possibilidade de se responsabilizar e se apropriar subjetivamente dos movimentos que poderiam levá-lo a alterar esse estado de coisas. Da melancolia, traço constitutivo da subjetividade burguesa, à depressão, doença orgânica a ser medicada com remédios específicos, desvela-se um eixo ideológico que visa à apropriação e ao controle dos fenômenos individuais. Exacerba-se a dimensão individual, ampliando as possibilidades de a ordem coletiva exercer controle.

Acompanhando as formulações contemporâneas acerca da depressão, seja no âmbito da psiquiatria, seja no campo da psicanálise, encontram-se tanto uma contraposição – e até mesmo uma divergência – quanto um aparente diálogo (harmônico ou não) entre duas disciplinas que tratam das mesmas questões sob princípios diversos. Porém, essas diferentes visões do mesmo fenômeno clínico – das reações do sujeito – acabam por perpetuar a cisão e a alienação dos sujeitos em sua relação com a vida e com os meios de existência.

Obviamente, não se trata de considerar que são as disciplinas que instalaram o conflito e a cisão, pois, na verdade, psiquiatria e psicanálise refletem o esforço do ser humano de apreender os estados do sujeito e encontrar meios de libertá-lo. Contudo, é preciso destacar que, se são miradas diferentes e até mesmo contrapostas, não se trata de escolher uma ou outra como a explicação verdadeira, nem de tentar resolver o impasse por meio de uma conciliação impossível. A explicitação da contradição e da tensão presentes entre o sujeito, seu mal-estar, as condições objetivas de existência e os instrumentos científicos de investigação e elucidação é a única maneira de avançar na direção de uma compreensão não parcial e equivocada de por que os sujeitos se deprimem, encontrando na depressão um refúgio, um esconderijo.

Pretendeu-se partir justamente dessa contraposição, buscando acompanhar a maneira como esses diversos saberes foram produzidos, não só sustentados em reflexões puramente teóricas, como também, e principalmente, resultantes da tentativa de sistematização dessas diferentes clínicas. Entre a concepção psicanalítica e a compreensão psiquiátrica acerca da depressão, estruturam-se modalidades clínicas, direções de tratamento e cura etc. Do lado da psicanálise, colocam-se, sobretudo, as dificuldades em relação a uma clínica que não objetiva necessariamente a extirpação de sintomas, cujos resultados e decorrências podem ser muito mais amplos e, por isso mesmo, controversos. Do lado da psiquiatria, com o desenvolvimento da psicofarmacologia, pretende-se a resolução dos sintomas, compreendidos a partir de uma óptica principalmente organicista.

Cabe, portanto, demonstrar como a contraposição/cisão acaba por se colocar a serviço da ideologia, na medida em que se acompanha uma gradual e progressiva tendência de *naturalização* dos estados depressivos do sujeito. Da cisão entre os diferentes discursos, fortalece-se uma concepção que se pretendeu flagrar na análise dos materiais selecionados, especificamente aqueles elaborados e utilizados pelos grandes laboratórios para divulgação dos medicamentos antidepressivos, que são largamente veiculados pela mídia em geral e distribuídos à classe médica para estimular a prescrição (conforme se acompanhará na Parte II).

Na verdade, a partir da investigação e análise desses estímulos, tal como concebe Adorno (1975), que determinam, controlam e induzem respostas, objetiva-se, pela separação e decifração dos elementos, a enunciação de uma lógica que não se mostra de modo algum encoberta, mas que, ao contrário, pela exposição direta de suas intenções, sustenta-se na possibilidade de transformar as reações mais íntimas dos sujeitos em meras reações passíveis de serem controladas. Os elementos latentes com certeza relacionam-se aos anseios e motivações dos indivíduos que se deixam traduzir por imagens que julgam como reflexos seus, mas que não passam de grosseiras caricaturas.

Uma vez que a pesquisa direta da clínica, tanto a psiquiátrica quanto a psicanalítica, mostrou-se inviável no âmbito de execução e finalidades deste trabalho, sobretudo pelas dificuldades de manejar os complexos aspectos subjetivos presentes, incluindo os éticos, a pesquisa foi direcionada para a seleção e a análise de material de divulgação e venda da medicação antidepressiva. Foi possível sugerir a investigação da maneira pela qual o conhecimento científico é cooptado pela lógica capitalista, que se organiza em torno do mercado dos psicotrópicos, especificamente dos antidepressivos.

Nessa medida, na Parte I (Capítulos 1, 2 e 3), objetivou-se o desvendamento do eixo histórico, social e político, pois ele permite analisar a apropriação ideológica da depressão, considerando as bases conceituais que a definem. Sobre a constituição da subjetividade burguesa e a melancolia como traço constitutivo do homem civilizado, pretendeu-se esclarecer, principalmente, a utilização, no âmbito social, da depressão como fenômeno que se exacerba também pelo fomento de indivíduos depressivos/deprimidos. As estruturas sociais apropriam-se e incorporam a dimensão subjetiva, buscando a banalização e a padronização das reações individuais, valendo-se, sobretudo, das ciências médicas (psiquiatria e neurociências), psicológicas e da psicanálise.

Na Parte II (Capítulos 4 e 5), para fins da pesquisa, o objetivo foi tomar o material de divulgação da medicação antidepressiva produzido pelos grandes laboratórios farmacêuticos, buscando destacar a maneira de definir e vender a depressão. Pretendeu-se, sobretudo, demonstrar que *a indistinção entre depressão e ideologia é a base que circunscreve a lógica da depressão e da correspondente venda da medicação antidepressiva*. O remédio vai gradualmente se tornando símbolo não da depressão, mas da alegria que promete restituir aos sujeitos, que passarão a se reconhecer a partir dos produtos/coisas que podem adquirir.

A lógica da depressão vale-se das noções das neurociências, pelo que incitam ao discurso da *naturalização* e do corpo biológico, e das concepções psicanalíticas, pelo que o isolamento do sujeito pode propiciar como apreensão equivocada de sua singularidade. O adoecimento do sujeito não deixa de refletir a *doença* da sociedade, e o que se busca ressaltar diz respeito, sobretudo, à necessidade de se interrogar a ideologia presente de maneira insidiosa, desde a própria fomentação dos estados depressivos até as explicações engendradas também com o objetivo de alimentar um circuito viciado, no qual a depressão se coloca como resposta abrangente e final.

Parte I
O QUE É DEPRESSÃO?

1. Sujeitos deprimidos, depressivos

A (in)felicidade do homem contemporâneo

O que é depressão? Como palavra que, atualmente, substitui o uso comum que se fazia das expressões *doença dos nervos* e *sistema nervoso*,[1] ela se converteu mais propriamente em um termo, cujo alcance e aplicação não deixam de ser intrigantes. Constitui tanto um jargão que descreve qualquer tipo de sensação ou mal-estar do indivíduo quanto um conceito que, notadamente no campo da psiquiatria, vem sendo abordado, sobretudo, como uma síndrome, uma doença transestrutural (André, 1995), que permite explicar e conhecer a problemática do homem contemporâneo.

O termo depressão aparece, ao mesmo tempo, como uma palavra-chave da nosografia psiquiátrica e uma expressão corriqueira da linguagem comum, tendo se incorporado ao vocabulário corrente de forma ambígua e difusa, na medida em que sua utilização

---

[1] Sobre o tema do nervoso, ver *Da vida nervosa nas classes trabalhadoras* (Duarte, 1986). Nesse livro, o autor faz um excelente estudo sociológico sobre a construção do nervoso, a partir de uma pesquisa realizada em uma comunidade no Rio de Janeiro.

remete a múltiplas significações. Em outras palavras, se é possível verificar clinicamente o indivíduo deprimido a partir do mapeamento dos prejuízos físicos e psíquicos que o estado depressivo ocasiona, também se encontra (com grande frequência) a classificação de reações e padrões de comportamentos *corriqueiros* como resultantes da depressão. Há uma gama enorme de sentidos quando um sujeito é denominado depressivo ou deprimido, pois essas designações já ganharam uma ampliação de sentidos que produz, ao mesmo tempo, o esvaziamento daquilo que inicialmente poderia se referir a um conceito propriamente dito.

Sofrer de depressão pode querer dizer apenas que o indivíduo está ocasionalmente triste ou, ao contrário, referir-se à instalação de um quadro acentuado, passível de ser verificado clinicamente, no qual indícios físicos e psíquicos denotam que o sujeito se vê enredado e sem condições de superar seu mal-estar. Certamente, não é indiferente classificar o sujeito como depressivo (quase um jeito de ser) e/ou como deprimido (uma espécie de estado *[in]* superável). Contudo, essa utilização indiscriminada pode resultar exatamente em uma situação que não será *evolutivamente* superada, mas apenas controlada. Os sujeitos poderiam ser considerados estruturalmente depressivos, apresentando (pelas mais diversas razões) a exacerbação (*patológica?*) desse estado? A depressão se circunscreveria entre o ser *naturalmente* depressivo e o estar *momentaneamente* deprimido?

De todo modo, entre esses dois extremos surgem questões que conduzem a um mesmo eixo de investigação: como, por que e para que o conceito de depressão se dissemina de forma tão ampla e ambígua? Duas outras perguntas podem ser extraídas dos dois polos desse mesmo eixo:

a) Por que *atualmente* os indivíduos padecem tão recorrentemente de depressão? Essa questão leva necessariamente à análise das condições objetivas – históricas e sociais – que se colocam como denominadores comuns interferentes na existência do homem contemporâneo.

b) Por que se tende a explicar as partes pelo todo? A lógica da depressão esfumaça ou tinge todas as reações psíquicas do sujeito, uma vez que se desvela nessa óptica o risco da *naturalização* da depressão. Todas as reações individuais poderiam ser classificadas como resultantes da depressão, em maior ou menor grau. Os sujeitos seriam *naturalmente* depressivos, tenderiam às reações depressivas e poderiam chegar ao extremo, convertendo-se em *deprimidos*, ou seja, alcançando um estágio no qual a depressão se instala de modo devastador em seu corpo e em seu cérebro, interferindo em todo o seu funcionamento fisiológico.

Cabe destacar que esse espectro se apresenta na clínica e que não se trata de defender aqui que a depressão é um fenômeno apenas teórico e ideologicamente engendrado. Contudo, as tentativas de elucidação desses estados, que são empiricamente verificáveis, têm resultado em uma generalização que termina por influenciar inclusive as escolhas e medidas de tratamento. É notório que a sociedade moderna se flagra perdida e imersa no mal-estar do ser humano, porém facilmente o explica e o define como depressão, uma problemática intrapsíquica, de natureza orgânica e de responsabilidade individual. *Sofremos de depressão e não mais de sistema nervoso.* Duarte (1986) sugere que essas expressões são incorporadas pelas classes menos cultas e, embora a classe médica aparentemente as rejeite, do ponto de vista dito científico, sua utilização refere-se nitidamente à tentativa de explicar as reações do sujeito sob a organização de um sistema que lhe é transcendente. Há uma referência direta ao suporte biológico, tomado como predominante no modo de funcionamento psíquico.

O indivíduo, então, visto como uma mônada biológica, deita-se à exposição e ao esquartejamento que o fragmentam e o capturam de uma maneira *a-histórica* e atemporal. *Naturalizado*, irreversivelmente doente e defeituoso, em contraposição às imagens perfeitas e divinas, conforma-se a uma vida de expiação de culpas pelas mazelas e dificuldades que encontram em seu existir. Sua humanidade, em seus defeitos, é a principal causa de seu padecimento, sobretudo de suas tristezas.

Paradoxalmente, diante dos impasses provocados pelo seu mal-estar, mesmo explicado (ou pretensamente desvendado) por um mundo *cientificizado*, o desamparo do sujeito atinge níveis insuportáveis (Birman, 1993). A contraposição entre os discursos psicanalíticos e psiquiátricos é a expressão de duas tentativas de apreensão do sujeito e seus estados psíquicos ou mentais, que, sustentadas em supostos distintos, não deixam de denunciar a fragilidade e até mesmo a impossibilidade de se apreender a cisão expressa a partir do sujeito quando de sua tomada como objeto.

Vale retomar Adorno (1968/1995) quando postula que sujeito pode se referir tanto ao indivíduo particular quanto a determinações gerais; ambas as significações necessitam-se reciprocamente, mal se pode apreender uma sem a outra. *Até mesmo os nomes próprios trazem implícita uma referência ao universal.* Evidencia-se, desse modo, que não se trata de conferir o singular (a história e as representações) à psicanálise e as categorias coletivas e universais (o corpo e a biologia) à psiquiatria, pois essa suposta separação acabaria por encobrir – o que seria puramente ideológico – a tensão/ cisão enfrentada tanto pelo psicanalista, diante da singularidade do desejo do sujeito, atravessado por *violentos processos identificatórios*, também constituídos a partir das referências à coletividade (aspectos sociais) e à universalidade da biologia, quanto pelo psiquiatra, que se vê indagado por um sujeito com uma história peculiar, que tenta nomear seu mal-estar por meio de categorias que lhe são próprias.

É preciso salientar o mal-estar na civilização como o mal-estar dos sujeitos, que, por meio de seus sintomas, de suas reações subjetivas, também questionam a lógica totalizante. Note-se, a clínica freudiana em sua mirada sobre o indivíduo terminou por conduzi-lo a um profundo e consistente questionamento acerca das estruturas sociais, mesmo não sendo este o seu objetivo principal. Da essência do sujeito, destacou-se a relação iatrogênica e *patologizante* entre os anseios subjetivos e as possibilidades objetivas de existência.

Na verdade, a própria contraposição/oposição (maniqueísta) entre a psicanálise e a psiquiatria conduz ao pior dos equívocos: o de se pensar que a resposta estaria na substituição ou eliminação de uma pela outra. Trata-se, sem dúvida alguma, de manter essa relação "dilemática", justamente no que ela pode portar de revelador. Se a depressão é considerada como a *doença nervosa moderna*, é preciso decifrar os pressupostos, os métodos e os caminhos de elucidação sobre essa maneira específica de adoecer do ser humano. Por que depressão? Diante deste mundo que perdeu as esperanças no Iluminismo e a crença absoluta na razão cientificista (Birman, 1993), o desencanto radical renova as condições do mal-estar na civilização: "A religião se rearticula, promovendo a constituição de novas visões de mundo. Porém, para os incrédulos, o universo das drogas estimulantes e das drogas psicotrópicas promete a excita*ção dionisíaca e a quietude nirvâ*nica" (p. 365).

Aqui, abre-se uma questão importante que, embora vá ser retomada com mais profundidade adiante, exige por ora sua enunciação. Se a psicanálise, desde o final do século XIX, colocou-se como um contraponto – certamente incômodo – à psiquiatria, atualmente não se pode deixar de avaliar o impacto que a psicofarmacologia e as pesquisas neurobiológicas produziram sobre a psicanálise – teoria e prática –, pois, certamente, nas últimas três décadas, a psiquiatria biológica e a psiquiatria clínica têm se sustentado em um ideário teórico que supõe a insuficiência e até mesmo o fracasso da psicanálise ao se defrontar com as perturbações psíquicas (Costa Pereira, 2002).

Portanto, é possível dizer que a relação entre a psiquiatria e a psicanálise reflete um confronto, fundado em uma tomada equivocada e parcial do sujeito, cujas teorias tendem a se outorgar o direito de saber o que principalmente o elucida em seu mal-estar. À psiquiatria, o corpo, e à psicanálise, a mente e suas representações. Certamente, essa é uma via desastrosa e funesta e, justamente por isso, para além das correções teóricas que cada um dos campos já apresentaria para denunciar o equívoco, cabe a explicitação de uma pergunta essencial: de quais finalidades e de que tipo de lógica essas contraposições simplistas estariam a serviço?

O advento da sociedade burguesa

Partindo da interrogação de por que o ser humano contemporâneo sofre de depressão, inevitavelmente a investigação não poderá prescindir do exame minucioso dos aspectos sociais e históricos que dizem respeito à existência do ser humano em sociedade, já que, obviamente, a investigação incide sobre o humano civilizado e não sobre uma ideia abstrata de ser humano natural.

Invertendo completamente a perspectiva, impõe-se um rico e proveitoso caminho: o de tomar as formas de organização social do ser humano, destacando alguns elementos que possam trazer luz à compreensão dos estados depressivos que, contemporaneamente, tendem a ser até considerados de endêmicos a epidêmicos. Ademais, vale ressaltar que, apesar de se falar do caráter endêmico da depressão, é preciso considerar que, embora endemia seja uma expressão referente às características próprias da população de dada região, isso não significa que a depressão é uma característica *natural* dos sujeitos. Por mais que se possam analisar os aspectos depressivos constituintes do sujeito e de seu psiquismo, isso não autoriza a concluir que a recorrência da depressão em certo tempo, em dada sociedade, se explica por uma tendência *natural*.

Não se pode deixar de observar quais são os fatores presentes na lógica objetiva que contribuem para a intensificação de sintomas depressivos de modo geral. Conforme será possível acompanhar na análise de estímulos apresentada na Parte II, a concepção acerca dos estados ou quadros depressivos é tendenciosamente *naturalizada*.

Por outro lado, é fundamental ainda questionar o que hoje se considera como aspectos epidêmicos da depressão. Nunca se falou tanto em depressão, porém certamente nunca será demais repetir sobre a necessidade de discriminar os sujeitos que exacerbam os sintomas depressivos, adoecendo gravemente, das pessoas que reagem e se infelicitam diante das dificuldades cotidianas. De qualquer modo, é bom que se diga, mesmo nos estados graves de depressão, que o sujeito não deixa de portar e direcionar uma crítica e/ou um questionamento às condições objetivas de sua existência.

De que lógica se trata? Quais são os princípios organizadores da existência em sociedade? Uma vez que todo e qualquer campo e sistema de produção de conhecimento e de serviços se fundam e se estruturam circunscritos por parâmetros que lhes são transcendentes, será profícuo o exame desse *cenário não neutro*, cujas determinações atravessam a lógica interna dos sistemas. Sem dúvida alguma essa análise não se inicia nem se sustenta em confrontos parciais e tendenciosos e poderá lançar luz sobre as questões que serão descortinadas.

Horkheimer e Adorno (1968/1987) destacam que o conceito de sociedade só foi concebido como o é atualmente a partir da ascensão da burguesia. Embora se possa traçar, já a partir das concepções de Platão, uma relação entre sociedade e domínio, o conceito de sociedade se consolida mais propriamente com o advento da época burguesa, quando se tornou visível o contraste entre as instituições feudais e absolutistas, por um lado, e a camada social que já dominava então o processo vital e material da sociedade, por outro.

O sujeito burguês busca a sobrevivência pelo domínio da natureza e da organização da vida em sociedade. Mas por que as estruturas criadas para esse fim, cujos avanços são notórios, levam o ser humano cada vez mais – em seu âmbito individual – à regressão e à neurose? Por que se tem encontrado na depressão o principal meio de adaptação à atual ordem das coisas, por um lado, e de fuga e escape (em vez de enfrentamento), por outro? A depressão conduz a um quadro de letargia física e de empobrecimento do pensamento. Nesse sentido, é forçoso considerar a hipótese de que o grau de renúncia que o ser humano contemporâneo se impõe, para permanecer inserido na lógica do sistema dominante, repercute de maneira determinante, trazendo sérios prejuízos à constituição de sua subjetividade.

Explicita-se assim o antagonismo entre a sociedade, os indivíduos que a compõem e as instituições vigentes. Destaca-se a importância de o ser humano se agrupar e continuar se agrupando a partir, sobretudo, de uma decisão racional, uma vez que é possível afirmar que o humano não é um ser *naturalmente* sociável, pois necessita ser submetido a um processo de educação. De outro lado, não se coloca outra possibilidade de existência além da social, e o sujeito sempre será submetido a um processo civilizatório na constituição de seu existir humano. Do ponto de vista da sociedade, essa educação implica essencialmente uma submissão a dois contratos primordiais: o da propriedade e o do domínio, com os quais o indivíduo se compromete diante das instituições vigentes em prol dos interesses da coletividade. Horkheimer e Adorno

(1968/1987) destacam ainda as ideias de Hobbes, no que diz respeito à mudança do poder do mais forte, no estado natural, que se converte em poder de domínio no estado legal (social).[2]

Note que é praticamente impossível separar o conceito de sociedade em sua polaridade entre os elementos institucionais e naturais, uma vez que a constituição social só existe na medida em que a convivência entre os homens é mediada, institucionalizada. Citando os autores:

> *Quando o pensamento sobre o caráter e a natureza da sociedade perde de vista a tensão entre instituições e vida, e procura resolver o social no natural, não orienta um impulso de libertação no que diz respeito à pressão das instituições, mas, pelo contrário, corrobora uma segunda mitologia, a ilusão idealizada de qualidades primitivas que se referiria, na verdade, ao que surge através das instituições sociais. (Horkheimer & Adorno, 1968/1987, p. 32)*

Obviamente, o exemplo máximo de uma compreensão da sociedade nessa perspectiva, como imediatamente apontam os autores, é o mito fascista do nacional-socialismo. Contudo, na atual sociedade que prossegue sobrevivendo à custa da dominação, observa-se a *sofisticação* de seus instrumentos, que passam a operar mais sutilmente, embora na mesma direção e com intenções semelhantes. É certo que as teorias nazistas e as ideias de Hitler eram vergonhosamente místicas e inconsistentes, porém o discurso atual da pseudociência veio se aprimorando e se sustentando em

---

2 Curiosamente, pode-se dizer que essa passagem implica a retirada do corpo, da força corporal, como elemento que garante o poder pela subjugação física e a necessidade gradual do desenvolvimento das funções psíquicas, ou *forças mentais*, como forma de obtenção do poder de domínio.

argumentos que são considerados mais sólidos e concebidos como científicos. Esse é um ponto nodal de difícil resolução, uma vez que a utilização das explicações científicas é intensamente marcada por interesses ideológicos.

No caso da depressão, é preciso dizer que a exacerbação de um confronto entre os discursos da psicanálise e da psiquiatria fomenta, como já assinalado, a falsa necessidade da superação de um pelo outro, encobrindo, pela tomada parcial das reações subjetivas, a complexa trama constituinte do sujeito que não pode prescindir de todo modo das condições objetivas de sua existência. Como resultado, continua tratando-se de resolver o social no natural, o que, no caso da depressão, como se pretende evidenciar, é flagrante. Na verdade, tanto nas ciências médicas quanto nas psicológicas, bem como na psicanálise, corre-se o risco de *naturalizar*, no ser humano, fenômenos reveladores das tensões instaladas pelos antigos e fundamentais contratos da sociedade burguesa: o da propriedade e o do domínio do estado legal.

A compreensão da estrutura dinâmica da sociedade exige um esforço não desprezível de tomar o geral e o particular, buscando desvendar o processo pelo qual passa o homem em sua única alternativa de existência, que é a vida em sociedade, mas não necessariamente nesse modelo social que o oprime e o entristece, como bem denuncia o personagem de Dostoiévski (1864/2000), convertendo-o apenas em *uma tecla a mais do piano*. Destaca-se aqui a ideia corrente de que o ser humano se tornou uma peça da engrenagem da sociedade industrial burguesa, aprisionado e submetido, sobretudo, ao poder das instituições econômicas, uma vez que a ordem social se instala para manter e proteger as formas vigentes das atividades econômicas. Nessa direção e para garantir a manutenção do *status quo*, *há cada vez mais sociedade*. As estruturas sociais intensificaram-se no final do século XIX, envolvendo todas as pessoas, que passaram a ser individualmente controladas por documentos de identificação criados para garantir a eficácia dos mecanismos de controle e dominação social (Ginzburg, 1989).

A cristalização da sociedade hoje é evidente, e a globalização instalou a quebra de fronteiras apenas para esses mecanismos de controle destinados à manutenção das regras e leis da economia de *mercado*, voltados para garantir a ampliação do capitalismo dos países ricos, que vorazmente busca se alimentar de novos mercados, em detrimento das reais necessidades das sociedades mais pobres. Evidencia-se que esse movimento de *cada vez mais sociedade* pretende não a unificação e pacificação dos povos e nações, mas muito mais o acirramento dos antagonismos sociais, uma vez que o progresso tecnológico e a *sofisticação* das estruturas sociais não conduziram à diminuição da violência, das guerras e dos riscos de destruição da humanidade.

Tomando a sociedade no que se refere à rede das relações individuais, é preciso notar que a essência do homem jamais poderá ser pensada sem considerar a natureza da sociedade e sua dinâmica. A própria ideia de indivíduo (criação da sociedade burguesa) denuncia o quanto a socialização *afeta* o ser humano, que passa a ser concebido como "pretensa individualidade exclusivamente biológica, não tanto desde fora, mas, sobretudo, na medida em que envolve o indivíduo em sua própria interioridade e faz dele uma mônada da totalidade social" (Horkheimer & Adorno, 1968/1987, pp. 40-41).

Esse é o ponto fundamental a ser considerado ao examinar o ser humano contemporâneo e seus estados depressivos, pois, como bem destacam os autores supracitados, o que antes acontecia aos indivíduos de fora para dentro, podendo ser vivido explicitamente no âmbito das tensões sociais e das relações de dominação, agora é vivido e sofrido pelo indivíduo no seu íntimo, potencializando atritos e conflitos internos que se intensificam, colocando em xeque, como também assinalou Freud em diversos textos ao longo de sua obra, o nível de civilização alcançado. A socialização acaba por criar os instrumentos de sua destruição potencial, inclusive na dimensão subjetiva, dispondo condições para o sujeito finalmente sucumbir.

Quando o sujeito considera as condições presentes – também objetivas – da sua existência (Birman, 1993), suas realizações e principalmente seus obstáculos, ele necessita tanto evocar seu passado como projetar no futuro a possibilidade de superação de suas dificuldades. Desse modo, o sujeito caracteriza-se pela historicidade, pelo reconhecimento da sua finitude e incompletude que o coloca diante da responsabilidade de dirigir seu destino.

A vida, a existência em sociedade, enfim, as ancoragens do sujeito psíquico são contrapontos estruturantes que fundam uma tensão permanente e necessária para que o humano se constitua. A questão em aberto remete às críticas centrais de Freud (1930/1974), em *O mal-estar na civilização*, às formas de civilização estruturadas de modo a violentar o próprio ser humano, que mais o subjuga do que o viabiliza em sua possibilidade desejante.

O sujeito burguês e a psicanálise

Dizer que o sujeito se constitui socialmente não significa sugerir que o ser humano é um mero produto da sociedade. Paradoxalmente, ele apenas se torna indivíduo, singular, no embate com o outro e com a cultura. Inevitavelmente marcado pelas condições biológicas de sua existência, pelas limitações de um corpo, enfim, pelos invariantes universais dos quais é portador, o sujeito vê-se forçado a trilhar um caminho *único*. Não menos universal é a sua singularidade. Ser singular reúne-o em uma categoria universal, mas também o isola e o desampara. O sujeito pode alienar-se de si mesmo tanto a partir das explicações *coletivizantes* quanto dos esconderijos ou refúgios encontrados nos limites de seu próprio corpo (limites universais).

Nesse sentido, é interessante acompanhar Freud, destacando as ideias que o psiquiatra postulou desde o final do século XIX, partindo de uma compreensão dos fenômenos psíquicos que o levou a denunciar o antagonismo entre civilização e vida pulsional dos seres humanos. Essa relação, que, embora de contraposição, não pode ser analisada a partir de uma perspectiva simplista ou maniqueísta, já aparecia em uma carta a Fliess (1986), quando Freud coloca claramente que o incesto é antissocial e a civilização consiste na renúncia progressiva do mesmo. Em *Moral sexual civilizada e doença nervosa moderna* (Freud, 1908/1974), ele toma importantes aspectos sociais para demonstrar quanto a vida em sociedade onera o psiquismo e sobrecarrega o sujeito, ressaltando a perspectiva de que as estruturas da sociedade moderna criam contingências insuperáveis ao sujeito do ponto de vista do desenvolvimento de indivíduos que possam ser chamados de *normais*.

Nesse texto, Freud inicia sua argumentação sugerindo que, sob a óptica de uma moral sexual civilizada, a saúde e a eficiência dos indivíduos estão sujeitas a danos, causados pelos sacrifícios exigidos, que atingem um grau tão elevado que chega indiretamente a colocar também em perigo os objetivos culturais.

A doença nervosa moderna difundiu-se rapidamente na sociedade contemporânea, e não é de se estranhar, segundo ele, que seja G. M. Beard, um médico estadunidense vivendo em uma sociedade industrial e urbana, a descrever em 1896 o quadro da neurastenia, classificada na época por Freud como uma *neurose atual*,[3] provocada pelas repressões sociais à sexualidade. Em outras

---

3 Freud concebeu inicialmente uma classificação para os estados neuróticos, dividindo-os principalmente em dois grupos: as psiconeuroses infantis, causadas por aspectos mais remotos e infantis, e as neuroses atuais, originadas

palavras, a influência prejudicial da civilização reduz-se principalmente à regressão nociva da vida sexual:

> Nossa civilização repousa, falando de modo geral, sobre a supressão dos instintos (pulsões). Cada indivíduo renuncia a uma parte dos seus atributos: a uma parcela do seu sentimento de onipotência ou ainda das inclinações vingativas ou agressivas de sua personalidade. Dessas contribuições, resulta o acervo cultural comum de bens materiais e ideais. (Freud, 1908/1974, p. 192)

De modo enfático, Freud assinala que a pulsão (sexual) coloca à disposição da atividade civilizada uma extraordinária quantidade de energia, em virtude de uma singular e marcante característica: sua capacidade de deslocar seus objetivos sem restringir consideravelmente sua intensidade. Contudo, para a grande maioria das organizações psíquicas é indispensável certa quantidade de satisfação sexual direta, e sua restrição acarreta prejuízos funcionais e doenças. A pulsão sexual desenvolve-se a partir do autoerotismo, direcionando-se ao amor objetal. Porém, grande parte das forças, suscetíveis de utilização em atividades culturais, é obtida pela supressão dos chamados elementos *pervertidos* da excitação sexual. Entretanto, sustentando-se em sua experiência clínica, Freud evidencia que existe, para a imensa maioria de pessoas, um limite além do qual suas constituições não podem atender às exigências da civilização.

A civilização, promovendo o confinamento dos indivíduos à neurose, *quaisquer que sejam sua extensão e sua vítima* (Freud, 1908/1974, p. 207), acaba por ter seus objetivos frustrados. Se uma

---

pela incapacidade de viabilizar a vida sexual adulta, devido a fatores externos, oriundos da repressão da moderna civilização à sexualidade.

sociedade se estrutura sobre o incremento de doenças nervosas, não tem do que se orgulhar, na medida em que obtém avanços à custa de sacrifícios, que inevitavelmente colocam em questão aquilo que se pode considerar lucro, avanço ou progresso.

A importância dessas ideias é inquestionável, pois, embora só volte a se debruçar sobre o tema da relação dos indivíduos com a sociedade civilizada de uma maneira mais aprofundada por volta de 1927, Freud não deixa dúvidas quanto à sua avaliação de que não se podem compreender a doença e o sofrimento psíquico sem considerar fatores e aspectos sociais. Para ele, as restrições da atividade social numa comunidade são sempre acompanhadas de intensificação do medo da morte e de ansiedade ante a vida, que perturba a capacidade do indivíduo para o prazer, assim como a disposição de enfrentar a morte por uma causa. Conclui com uma indagação:

> *é justo que indaguemos se a nossa moral sexual civilizada vale o sacrifício que nos impõe, já que estamos ainda tão escravizados ao hedonismo a ponto de incluir entre os objetivos de nosso desenvolvimento cultural uma certa dose de satisfação da felicidade individual.* (1908/1974, p. 208)

É óbvio, porém imprescindível, ressaltar que Freud caminhou em sua teorização cada vez mais no sentido de elucidar uma relação que não se dava diretamente entre repressão social da sexualidade e aparecimento de sintomas e adoecimento psíquico, tal como se pode depreender do texto de 1908. Certamente, o que está em questão é o conflito no sujeito entre os registros da pulsão e os da civilização. Freud, porém, vai fazer uma mudança radical que torna muito mais complexo e quase intransponível o embate que, por ser travado nos labirintos tortuosos e desconhecidos do mundo mental, ganha mais consistência, sobretudo no que se refere à presença das determinações sociais na constituição do sujeito. A partir de suas reformulações acerca da teoria pulsional e da descrição do superego, vai deixar muito mais evidente que as marcas culturais ganham um lugar específico na difícil *administração interna* da economia pulsional do sujeito e que a compreensão da existência de um sujeito cindido, marcado fortemente pelo conflito, faz dele um estandarte do mal-estar, refletindo desde seu mundo interno até as tensões e as discrepâncias que o jogam em um doloroso, mas também gozoso, embate com o mundo externo.

Essas considerações conduzem à necessária reflexão acerca do adoecimento e mal-estar do ser humano no mundo moderno, resumidos pela ciência e pela indústria cultural na palavra depressão, ideologicamente tomada como fenômeno intrínseco ao sujeito, reflexo de problemas internos que o conduziriam ao desajuste social.

Mas, se grande parte das pessoas sofre de depressão, daquilo que se converteu na doença nervosa moderna do final do século XX, quais são os elementos sociais a serem considerados? De que males padecem os seres humanos durante sua existência civilizada? É possível correlacionar as condições objetivas da existência do os ser humano com suas reações subjetivas? Na medida em que tanto doenças físicas quanto reações psíquicas se intensificam, estabelecendo um padrão identificável em uma dada época (histórica e social), é necessário observar com rigor como esses fatores se articulam e se determinam entre si.

Depressão: doença do sujeito e "doença" da sociedade

O ser humano é um ser social. Isso significa dizer que sua subjetividade se constitui no entrecruzamento de determinações várias. O indivíduo vive de maneira singular as situações originadas no campo social e histórico, as relações de objeto e os episódios de vida – enfim, aquilo que se considera realidade externa. Apenas pela construção de sua história (sempre libidinal), atravessada pelas fantasias inconscientes e pelo recalque, é que ele se constitui ao mesmo tempo como sujeito psíquico e como sujeito social (Mezan, 1988).

Até os dias de hoje, a relação entre indivíduo, biologia e cultura (ou sociedade) apresenta-se de modo bastante controverso. No entanto, Freud (1927a/1974) não deixou dúvidas ao dizer que só é possível apreender o ser humano civilizado, já que o ser humano, tendo se elevado da condição animal, desencadeou inevitavelmente a humanização da natureza, ou seja, condicionou sua existência à civilização ou à cultura. Este é o homem freudiano, marcado pela dimensão biológica, mas encontrando na existência social a única possibilidade de vida (Bolguese, 1997).

É interessante indagar quanto é de fato pertinente o estabelecimento de inter-relações entre as categorias sociais e políticas e os movimentos psíquicos individuais. Em *Eros e civilização*, Marcuse (1955/1966), no prefácio à primeira edição, buscando circunscrever a perspectiva e a direção de suas ideias, não deixa dúvidas quanto à sua pretensão de utilizar categorias psicológicas, porque elas se converteram em categorias políticas, uma vez que os processos psíquicos são e estão absorvidos pela função do indivíduo no Estado. O ser humano possui uma existência pública, e seus problemas particulares, seus distúrbios pessoais, refletem claramente as desordens gerais. Ao enfatizar que sua tarefa é desenvolver a substância política e sociológica das noções psicológicas, Marcuse retoma o caminho de Freud, que buscou denunciar e desvelar, partindo da escuta clínica, as armadilhas refletidas e sofisticadas nas estruturas institucionais da civilização.

Marcuse retoma as ideias freudianas segundo as quais a civilização se baseia plenamente na subjugação da pulsão, sendo a renúncia e a dilação da satisfação os elementos básicos e constituintes do progresso, sempre vinculado a uma intensificada ausência de liberdade. Nesse sentido, o autor propõe uma distinção fundamental, pois a aplicação direta da psicologia e da psiquiatria na análise de acontecimentos nitidamente sociais e políticos, à luz de fenômenos individuais, significa principalmente a aceitação de um critério viciado pelos mesmos acontecimentos que o geraram. Trata-se, portanto, de extrair desses fenômenos impressões (nítidas ou não) de natureza social e institucional, que lhes são também determinantes.

Nessa perspectiva, um aspecto fundamental destacado por André (1995) é o fato de que, na verdade, a *ciclotimia* é própria da estrutura do capitalismo, regida pelas leis do mercado e da exploração da força de trabalho. Quando a depressão, no seio da língua, passa de econômica a psíquica – ou nervosa –, o deslocamento produzido revela de maneira inequívoca que, no final das contas, segue tratando-se da mesma questão de *natureza ideológica, que se desloca de um campo para o outro*. Essa ideologia articula-se ao redor da noção fundamental de um capital de energia – monetária, nervosa, humoral ou moral do indivíduo – que necessita se manter em alta para conservar seu poder.

O ser humano – *o doente* –, de quem se ocupa a psiquiatria, acaba necessariamente sendo concebido como um capital de energia que o tratamento deve manter em um nível adequado de produtividade. Enquanto o sujeito histérico se debate e procura escapar dessa lógica, o deprimido coloca-se dentro dela, por definição. A depressão posiciona-se como uma explicação ideologicamente plausível, já que o ser humano, oscilando entre a *culpabilização* moral e a limitação da doença identificada pela ciência, torna-se incapaz e definitivamente irresponsável para reverter ou questionar o *status quo*.

Tomando, em contraposição, a melancolia ou até mesmo a neurastenia, descortina-se o fato de que a clínica psiquiátrica do século XIX tinha por referência uma noção de afetividade e de ética, que não se reduzia a uma bipolaridade simplista de baixa e de alta de alguma substância neuroquímica, por exemplo. A difusão do termo depressão, conforme se verá mais detida e profundamente adiante, é também um sinal das relações de dominação que fundam e estruturam o sistema capitalista, ao qual, inegavelmente, está também subordinada a psiquiatria – bem como a psicologia e a psicanálise.

Sociedade industrial, psiquiatria e psicanálise

Horkheimer e Adorno (1944/1985) enfatizam a relação ao mesmo tempo simbiótica e perversa entre o sujeito burguês e o desenvolvimento científico. A natureza deveria ser quantificada e formalizada. Tomando Ulisses e toda a construção feita por Homero na *Odisseia*, os autores analisam a tentativa do herói de dominar a natureza por meio do cálculo racional, engendrando assim uma racionalidade puramente restritiva. *Apenas pela repressão dos instintos e do sacrifício contínuo é que Ulisses sobrevive.* A passagem da natureza para a cultura se faz necessariamente pela prática da renúncia. O sacrifício e os artifícios de Ulisses são o protótipo da renúncia burguesa, é o seu autossacrifício que o marca e o funda subjetivamente. Contudo, o capitalismo é também regido pelo princípio da satisfação das necessidades, satisfação sempre impossível, à qual deverá sempre se renunciar. O sujeito da civilização é moldado por uma cadeia de renúncias, precisa dar mais do que receber, a fim de assegurar sua própria vida.

Pode-se dizer que a adaptação do indivíduo à sociedade exige um *plus* de renúncia de suas satisfações pessoais, que incide diretamente e de maneira bastante funesta sobre o *plus* de prazer pulsional, paradoxalmente, capaz de impulsionar o ser humano na direção de uma existência diferençada, como bem descreveu Freud ao longo de sua obra. Inculca-se a ideia de que se pode substituir ou deslocar incessantemente a busca desejante do sujeito para um caminho no qual se alcancem satisfações fugazes e substitutivas por meio do consumo de mais e mais mercadorias que, de todo modo, vão permanecer, no mais das vezes, inacessíveis, ocupando o lugar de objeto de desejo do indivíduo contemporâneo. É na medida em que as condições sociais se impõem de modo tão predominante sobre a existência do ser humano que os autores sugerem o resgate da psicanálise como uma importante via, uma vez que denuncia a contradição, inclusive no que se refere à própria mitificação da ciência.

Roudinesco (2000) vale-se da expressão *sociedade depressiva*, buscando analisar por que a psicanálise não se converteu de modo algum em um anacronismo, e ressalta, sobretudo, que o sofrimento psíquico se expressa atualmente sob a forma de depressão, um misto de tristeza e apatia, resultante do vazio de desejo. Não se sentindo potente para sustentar seus desejos, o ser humano sucumbe à psicofarmacologia, sem se permitir refletir sobre a origem de sua infelicidade. O ser humano está recluso em sua tristeza. A era da individualidade substituiu a da subjetividade. Defendendo a tese de que o ser humano se transformou no contrário de um sujeito, a autora sugere que cada sujeito é tomado como um ser autônomo, anônimo e pertencente a uma totalidade orgânica. Do lado da sociedade dita democrática, percebe-se o esforço de evitar qualquer tipo de conflito e confronto. Roudinesco coloca que, *em nome da globalização e do sucesso econômico, ela (a sociedade) tem tentado abolir a ideia de conflito social* (2000, p. 16).

O ser humano recolhe-se covardemente e não tem mais o direito de manifestar seu sofrimento. Essa reclusão só será interrompida para devolvê-lo à vida social, à custa dos antidepressivos, medicamentos que têm a eficácia de manter o sujeito em um platô que o permita voltar a ser produtivo da maneira mais silenciosa possível. Uma vez que a neurobiologia determina que os distúrbios psíquicos podem ser explicados a partir das anomalias e disfunções das células nervosas, resta buscar a medicação adequada como meio de resolução. A estratégia é clara, e Roudinesco coloca com muita propriedade: *pretende-se a normalização.*

Na verdade, a depressão pode ser considerada uma maneira atenuada de melancolia, descrita de modo sagaz por Freud em 1915 (conforme se acompanhará adiante). Além disso, a depressão tornou-se endêmica/epidêmica nas sociedades democráticas; ao mesmo tempo, a histeria, que não desapareceu absolutamente, cada vez mais é vivida e tratada como uma depressão. Roudinesco sugere uma mudança de paradigma, ressalvando que, no campo da medicina, na psiquiatria e na psicanálise, o advento de um novo paradigma não exclui os da geração anterior: ele o abarca, dando-lhe uma nova significação. Compreendidos e tratados como depressão, os sintomas neuróticos prescindem da concepção freudiana do inconsciente e da dimensão conflitiva do funcionamento psíquico.

Dizer, portanto, que a depressão é a enfermidade do século XX (e agora XXI) impõe um exame cuidadoso que deve ter início, inclusive, na utilização alargada da palavra, como já assinalado. Lembrando tratar-se de uma expressão que, embora presente na(s) língua(s) há vários séculos, somente no século XX adquire significação no âmbito psíquico, André (1995) afirma que a depressão entrou na linguagem da psiquiatria unicamente por um deslocamento produzido a partir do campo da economia. O termo depressão se converteu, principalmente, em um dos significantes do sistema econômico cuja finalidade é a criação e a manutenção da mais valia, *com variações que se percebem, exemplarmente, nas bolsas de valores, nas escalas que oscilam entre a alta e a baixa das ações.* É possível dizer que se evidencia nas estruturas sociais o que pode também ser identificado a partir do acirramento dos sintomas individuais.

O modelo de civilização em questão

Freud retoma em 1927 e 1930, respectivamente, nos textos *O futuro de uma ilusão* e *O mal-estar na civilização*, uma ácida crítica às instituições sociais e ao questionável modelo de civilização que se conseguiu construir. De maneira contundente, o autor denuncia o fato de que nem todo conhecimento e capacidade adquiridos pelo ser humano a fim de controlar a natureza possibilitaram, como se podia supor, a satisfação de suas necessidades, nem lhe trouxeram a garantia de uma existência *plena e feliz*. Os seres humanos isoladamente tomam a existência como um pesado fardo, pois os sacrifícios exigidos pela civilização, que objetiva a prevalência da ordem coletiva, servem à intensificação das estruturas sociais em detrimento de interesses individuais. Obviamente, Freud alerta para o fato de que essas dificuldades são inerentes à natureza da própria civilização, uma vez que todo agrupamento humano exigirá decisões racionais, que fundam uma ordem coletiva e que podem vir a se contrapor aos interesses individuais. Contudo, ele deixa claro também que até agora o desenvolvimento social e as formas culturais são bastante imperfeitas, pois toda a civilização tem se sustentado sobre a coerção e a renúncia aos apelos pulsionais do ser humano. Diz Freud:

> *Pensar-se-ia possível um reordenamento das relações humanas, que removeria as fontes de insatisfação para com a civilização pela renúncia à coerção e à repressão dos instintos, de sorte que, imperturbados pela discórdia interna, os homens pudessem dedicar- se à aquisição da riqueza e à sua fruição. (1930/1974, p. 17)*

Curiosamente, essa afirmação de Freud, tomada à luz das ideias que vêm sendo desenvolvidas, evidencia – pela possibilidade de que outra ordem coletiva poderia ser pensada – quanto a mediação da sociedade total, que engloba todas as relações e emoções, torna os indivíduos meros seres genéricos e submetidos aos desígnios sociais, concretizados em suas instituições. Desse modo, considerando as condições de vida em sociedade que induzem ao conformismo, os seres humanos, tal como precisamente apontam Horkheimer e Adorno (1944/1985), se convertem em impotentes como consequência lógica da sociedade industrial. "Quanto mais complicada e mais refinada a aparelhagem social, econômica e científica, para cujo manejo o corpo já há muito foi ajustado pelo sistema de produção, tanto mais empobrecida a vivência de que ele é capaz" (p. 25).

Essas questões, assim articuladas, impõem a consideração de que a depressão, detectada e descrita a partir de fenômenos e movimentos individuais, desvela aspectos da sociedade que, em prol da conservação e do progresso, circunscrevem um campo no qual o sujeito nunca poderá se reconhecer totalmente. Claro está que se apresentam também importantes pontos de indagação que partem das condições constitucionais da existência humana, da relação do homem com a natureza, a vida e a morte. Contudo, essa dimensão não pode se converter em um eixo explicativo totalitário, pois esse caminho não exclui e, ao contrário, não pode prescindir da crítica acerca das modalidades de organização social que se conseguiu atingir. Como é possível analisar a relação entre indivíduo e sociedade sem incorrer no equívoco simplista de tomarmos os polos como contrapostos? Como o homem chegou a estruturar um modelo de sociedade que lhe é tão nocivo?

Freud (1930/1974), desculpando-se por não estar introduzindo nenhum aspecto efetivamente original e esclarecedor, toma como uma das questões centrais o propósito e as intenções do homem em seu existir. Sua resposta é direta: o ser humano se esforça para ser feliz. Contudo, Freud apresenta uma distinção que inicialmente pode parecer sutil, mas é fundamental para a compreensão de por que, apesar disso, o ser humano vive muito mais infeliz e incomodado com a própria vida. O ser humano visa, por um lado, à ausência de sofrimento e de desprazer e, por outro, à experiência de intensos sentimentos de prazer. O homem vive, portanto, uma dicotomia, de acordo com o programa do princípio de prazer. Os homens funcionam de modo a derivar prazer intenso de um contraste, o que restringe muito as possibilidades de felicidade, também limitadas pelos padrões constitucionais. Citando Goethe ("nada é mais difícil de suportar do que uma sucessão de dias belos"), Freud, apesar de observar certo exagero na afirmação do escritor, declara que a infelicidade é muito menos difícil de experimentar, pois o sofrimento ameaça a partir do próprio corpo, do mundo externo e dos relacionamentos com outros homens. Nesse sentido, "não admira que, sob pressão de todas essas possibilidades de sofrimento, os homens se tenham acostumado a moderar suas reivindicações de felicidade" (Freud, 1930/1974, p. 95).

No homem descrito por Freud, o princípio de prazer, sob a influência do mundo externo, transformou-se no mais modesto princípio de realidade. O ser humano vai gradualmente tomando a sua felicidade pelo substituto longínquo de escapar da infelicidade. A busca de *evitação* do sofrimento coloca a obtenção do prazer em segundo plano. Não se pode deixar de acompanhar com certo desconforto que a *evolução dos modelos de organização social* que a civilização alcança circunscreve um limite para a felicidade, que não pode jamais ser irrestrita, sob pena de punição. Aliás, Freud gasta uma boa parte do texto para demonstrar como a formação do superego instala no ser humano um constante sentimento de culpa, aliado às mais variadas formas de satisfação de desejo e felicidade. Sem saída, se o ser humano sofre a partir dos relacionamentos com os outros, o modo de resolução do seu sofrimento tende ao isolamento, é a *felicidade da quietude*; contra o mundo externo, o ser humano se defende, afastando-se. A busca da felicidade, portanto, transformou-se na procura incessante de descobrir meios para evitar o sofrimento. Entre os métodos mais *interessantes* destacados por Freud, está o que considera todo sofrimento uma sensação do próprio organismo, só existindo na medida em que o ser humano o sente, em consequência das maneiras como seu organismo pode ou não estar regulado. Cita ainda o mais grosseiro, que é o da intoxicação química.[4] Esta contraditória relação entre o ser humano e a civilização, uma vez que os mais genuínos sentimentos de felicidade advêm das pulsões não *domadas*, em contrapartida às sensações da felicidade autorizada, desvela um paradoxo, um dilema (solucionável?).

Pode-se falar que a religião, as drogas, a neurose e, sobretudo, a psicose são tentativas do ser humano de resolução/rebelião desses limites intransponíveis da existência. É necessário frisar, entretanto, que a crítica necessária às alternativas *funestas* de civilização que se conseguiu alcançar, como bem assinala Freud, não deve resultar no equívoco de se proporem soluções por meio do abandono da civilização e do progresso e a retomada das condições primitivas, como meios de alcançar a felicidade. Freud considera esse argumento espantoso, pois o que hoje se chama de civilização é tudo aquilo que se conquistou sob o argumento de proteger o ser humano do sofrimento.

Apesar disso, não é possível ao ser humano se sentir confortável na civilização atual, tampouco dizer que a dose atual de sacrifício é inerente a toda e qualquer forma de civilização. Freud finaliza o texto mantendo o dilema, a dicotomia, o conflito e, sobretudo, a pergunta: que grau de renúncia pulsional é necessário ao ser humano civilizado? Por que os indivíduos, em busca de proteção e

---

4 Contudo, Freud (1937/1974) também não deixou de apontar a solução de problemas psíquicos pela utilização das drogas que deveriam ser desenvolvidas para esse fim, chegando a dizer que a psicanálise poderia vir até a ser substituída por elas.

felicidade, adquiriram sobre as forças da natureza certo controle, mas continuam tão expostos ao sofrimento e à destruição?

É impressionante a força do texto freudiano, sobretudo pelas questões que permanecem apontadas e não respondidas. O caminho que veio se intensificando é, sem dúvida, o da evitação sistemática do sofrimento. Essa via (Birman, 1999) vem sendo legitimada, e, nessa direção, a psicopatologia e a psicofarmacologia concentraram-se no estudo das depressões, bem como da síndrome do pânico e da toxicomania, no século XX, a partir da década de 1950. Vale lembrar que, desde o final do século XIX, a psiquiatria já vinha se desenvolvendo nitidamente na direção da pesquisa biológica. Atualmente, conforme se verá adiante com mais profundidade, adota-se a posição segundo a qual as psicoterapias passam a ter valor secundário, e a psicofarmacologia e as terapêuticas medicamentosas, ao contrário, ganham predomínio e destaque. Na verdade, a segunda parte do livro destaca justamente o grau de desenvolvimento das estratégias de venda de remédios como vias de resolução rápida dos embates do sujeito.

Do ponto de vista da ciência do pós-guerra, não se pretende a retomada de questionamentos ou dilemas da existência, não se objetivam as indagações que coloquem em xeque as estruturas sociais. Pretende-se a normalização (Roudinesco, 2000). Se os indivíduos sofrem, basta dar-lhes condições para que sofram menos, e nesse *vale-tudo* é possível encontrar explicações de diversos tipos para o mal-estar, buscando a felicidade média, possível, plausível aos seres humanos que se ajustam ao sistema social. Essa maneira de ser *(in)feliz* é o máximo que se poderá obter. É o ideal burguês da naturalidade (Horkheimer & Adorno, 1944/1985) que visa à virtude do meio, entre se submeter à natureza ou submeter a natureza ao eu.

2. Depressão, elação, diferentes humores

Entre a depressão e os transtornos de humor

É possível acompanhar na literatura psiquiátrica que a palavra depressão, outrora utilizada para denominar um sintoma ou um dos sintomas do quadro maníaco-depressivo, além de ser empregada como um traço de personalidade, adquire o estatuto, isoladamente, de uma síndrome específica. Desde os primeiros compêndios de psiquiatria, em que autores como Kraepelin caracterizavam a psicose maníaco-depressiva e a demência precoce como psicoses endógenas (com base hereditária ou degenerativa), chegando à descrição contemporânea dos *transtornos de humor*, revela-se um eixo fundamental de investigação, sobretudo no que se refere à predominância gradual do papel da hereditariedade e do suporte biológico na estruturação das doenças mentais.

Depressão pode se referir a um sintoma, a uma síndrome, a uma doença ou ainda estar associada, secundariamente, a outras formas de adoecimento físico ou psíquico. Esse amplo espectro no qual a depressão pode ser encontrada ou classificada, é bom que se diga, circunscreve quase todas as reações subjetivas passíveis de serem descritas. Isso gera a necessidade de uma sistematização rigorosa, tanto no sentido de distinguir o que seria possível classificar como modos de reação e funcionamento do psiquismo quanto o que pode ser chamado de sintoma ou patologia mais especificamente.

Na verdade, este livro pretende, sobretudo, demonstrar que essa utilização *alargada* do termo depressão se sustenta também a partir da ideologia. A psiquiatria, há mais de três décadas, viu-se obrigada a ajustar sua terminologia e sua conceituação ao aparecimento no mercado dos medicamentos antidepressivos, neurolépticos e tranquilizantes, o que levou, por um lado, ao acirramento da discussão e da investigação acerca da base neurobiológica das doenças mentais, porém, de outro, provocou uma disseminação indiscriminada da explicação das mais variadas reações do sujeito como depressão, sempre segundo a lógica das terapias medicamentosas. Basta acompanhar, nas décadas de 1980 e 1990, as matérias veiculadas na mídia de maneira geral para identificar a predominância de uma lógica que induz à utilização da medicação antidepressiva. Essas ideias serão retomadas mais detidamente adiante, na análise dos materiais de propaganda elaborados pela indústria farmacêutica (Parte II).

Evidencia-se uma questão que não pode ser *ingenuamente* descartada, relacionada à submissão dos avanços e das produções científicas à lógica do capital. Em relação à ciência, de modo geral e mais especificamente à medicina, é notória a interferência de outros interesses (sobretudo econômicos) que não visam apenas à investigação científica e ao esclarecimento dos grandes problemas contemporâneos, a saber, aids, câncer, esquizofrenia e até mesmo depressão. Horkheimer e Adorno, em *A indústria cultural* (1944), expõem de maneira inequívoca que os interesses econômicos prevalecem na determinação de fatores gerais, desde o que será valorizado culturalmente pela sociedade até quais serão os dilemas a serem fomentados com o objetivo de vender soluções que sempre levem ao lucro. A banalização da depressão, explicada periodicamente nas revistas de circulação semanal, nos jornais diários e na televisão, demonstra a apropriação do discurso *pseudocientífico* para sustentar, sobretudo, as teses que transformam reações psíquicas em sintomas, já oferecendo a solução mágica das pílulas antidepressivas.

A psiquiatria obviamente não deixa de estar também subordinada a esses interesses, sendo fundamental a sistematização de uma crítica que aponte as brechas pelas quais são engendradas distorções graves. No que se refere à elaboração dos manuais contemporâneos de psiquiatria, é possível identificar claramente uma política, uma tomada de posição, também ideológica, na medida em que se decide pela classificação e descrição dos *distúrbios e transtornos*, privilegiando os dados quantitativos, tratados estatisticamente, que descrevem comportamentos ou *atipias* de comportamentos, baseados em critérios que são uma vez mais econômicos, pois se referem diretamente à capacidade produtiva e adaptativa dos sujeitos à ordem social.

As concepções da psiquiatria[1]

O que é, para a psiquiatria, a depressão ou a mania? São *transtornos do humor*. Entretanto, a noção de humor é extremamente vaga. Pode ser encontrada associada aos estados da consciência, de ânimo e orgânicos. Nos manuais, conforme se abordará a seguir, o exaustivo eixo descritivo não permite que se chegue a qualquer conclusão do ponto de vista conceitual. A discussão teórica

---

1 Este livro não tem por objetivo a descrição e a análise pormenorizada da evolução conceitual da psiquiatria; contudo, é possível acompanhar aspectos importantes a respeito da atual elaboração das classificações dos *transtornos* mentais, com vistas à elucidação da maneira como a noção de depressão vem sendo (também ideologicamente) forjada.

desaparece e, com ela, as diferenças de concepção acerca do humor que vinham sendo sustentadas pelas correntes da psiquiatria. Privilegiam-se as listagens e padrões de comportamentos.

Nesse sentido, é fundamental a localização dos principais aspectos que se referem às bases conceituais nas quais a psiquiatria vinha se sustentando. A partir do final do século XVIII e início do século XIX, desenvolveram-se duas correntes na psiquiatria (André, 1995). A primeira, que tinha origem na medicina tradicional, definia o humor como resultado de processos fisiológicos. Ao serem assim concebidas, as variações do humor nada mais são do que a variação de uma quantidade orgânica (excesso ou falta) de uma substância que lhe dá consistência. A classificação dos transtornos do humor reduz-se a uma localização dentro de uma escala que vai da hipotimia à hipertimia – excesso de tristeza ou de alegria. Desde Empédocles, passando por Hipócrates, Galeno e, sobretudo, Descartes, essa maneira de compreender o humor busca sempre e necessariamente um fundamento fisiológico. Um bom exemplo é que a melancolia, dessa perspectiva, era considerada e até denominada de *bílis negra*, substância liberada devido ao adoecimento e mau funcionamento orgânico do fígado.

A segunda corrente definia o humor como um estado de ânimo. Uma reação da consciência (consciência desgraçada). Embora também sujeita ao *cogito* cartesiano, as raízes epistemológicas dessa corrente passam por Hegel, Nietzsche e Hurssel, influenciadores do pensamento de Janet e de Freud. O humor era aqui explicado como atributo da moral, resultado da consciência moral do ser humano e, portanto, o transtorno de humor é sempre, nessa perspectiva, um transtorno ético que se expressa pela sensação de felicidade ou desgraça.

Apesar das diferenças de concepção, essas duas correntes provêm da noção de humor a partir de suas polaridades – quantitativa, no caso da primeira, e qualitativa, no da segunda. De todo modo, a concepção predominante na psiquiatria nos dias de hoje visa a um equilíbrio, a partir de fatores que operam numa dimensão intrassubjetiva, ou seja, dizem respeito às reações individuais, fisiológicas do sujeito. Explicado por meio de fenômenos orgânicos de excitação ou irritação, um fenômeno físico na origem, o humor deixa de ser uma qualidade global e complexa da consciência, uma reação aos conflitos psíquicos diante dos entraves da realidade, da dimensão propriamente social. Os *humores*, no sentido fisiológico do termo, referem-se às secreções glandulares reguladoras do estado do corpo.

O avanço da psicofarmacologia e os manuais da psiquiatria[2]

Diante do impulso da psicofarmacologia, a psiquiatria abandonou o modelo nosográfico em prol de uma classificação dos comportamentos, reduzindo, consequentemente, a psicoterapia a uma técnica de supressão de sintomas. É possível acompanhar essa evolução tomando-se os manuais psiquiátricos mais importantes na atualidade, a saber, o *Manual diagnóstico e estatístico dos distúrbios mentais* (*Diagnostical and Statistical Manual of Mental Disorders* – DSM-IV), cuja primeira versão (DSM-I) foi elaborada pela American Psychiatric Association (APA) em 1952, e a *Classificação de transtornos mentais e de comportamento* (CID-10), elaborada sob a coordenação da Organização Mundial de Saúde (OMS) em 1992.

É necessário destacar inicialmente que, apesar de haver diferenças na elaboração dos referidos manuais, ambos apresentam

---

2 Embora se possa caracterizar os manuais usados hoje em dia como extremamente descritivos e pretensamente ateóricos, é possível concluir que utilizam princípios não passíveis de questionamentos e/ou refutação. As classificações e as descrições ali encontradas baseiam-se em fatores causais nunca colocados em discussão.

como objetivo principal a melhoria do diagnóstico e da classificação dos transtornos mentais. Na introdução e prefácios tanto da CID-10 quanto do DSM-IV (nas versões mais atualizadas), encontra-se a preocupação com a pesquisa para a classificação e a confiabilidade do diagnóstico psiquiátrico. No manual da OMS é ressaltado, entretanto, que a classificação é apenas um modo de ver em dado momento e que futuras revisões serão sempre bem-vindas, ao passo que no DSM a pretensão declarada é a de se atingir um grau elevado de objetividade que diminua progressivamente as possibilidades de questionamento. Não se pode dizer que esta seja uma diferença sutil, pois é possível acompanhar o abandono sistemático e generalizado de uma perspectiva dinâmica na apreensão e na descrição dos fenômenos psíquicos, ainda que se deva ressaltar que no manual estadunidense essa tendência se consolide de maneira muito mais evidente e inquestionável do que se pode detectar na CID-10.

DSM-IV: Associação Psiquiátrica Americana

Na primeira versão do DSM (1952), levavam-se em conta as conquistas da psicanálise e da psiquiatria *dinâmica*, mas o que se detecta posteriormente é o abandono radical da psiquiatria dinâmica, que mantinha a dimensão da subjetividade como aspecto fundamental para a compreensão dos estados patológicos. Na verdade, desde a publicação do DSM-III (1987), passou a ser adotado o critério de classificação das doenças ou enfermidades mentais a partir da classificação dos medicamentos existentes. A psiquiatria estadunidense abandona a classificação que considerava, até o final do século XIX e início do século XX, a observação clínica como principal instrumento para a elaboração dos manuais psiquiátricos, pois objetiva principalmente a cessação dos sintomas de forma rápida, buscando livrar o doente dos efeitos perturbadores de sua doença, que o desequilibra e o retira da vida econômica e produtiva. A psicofarmacologia adquire notoriedade e evidência (André, 1995), uma vez que passa a ser dela o poder de descrever, classificar e compreender os mecanismos da doença mental, elaborando medicamentos controlados que são colocados à disposição da psiquiatria para que meramente execute a terapia medicamentosa mais adequada.

O modelo nosográfico, nessa perspectiva, organiza o psiquismo humano a partir de grandes estruturas significativas, que definem o padrão, a norma e o patológico, sustentado pelos princípios da psicofarmacologia, que reestruturaram e reagruparam as grandes categorias patológicas. André (1995) sugere que a psiquiatria, até cinquenta anos atrás considerada uma ciência incerta do anormal, vem se convertendo cada vez mais na prática da normalização, da adaptação e da conformidade com a *média*. A aplicação do DSM supõe a classificação dos pacientes a partir de uma nomenclatura preestabelecida que, por sua vez, determina o tratamento medicamentoso. Claro está que não necessariamente os psiquiatras deixam de prestar atenção ao sujeito, mas, sem dúvida, um outro nível de discurso previamente estruturado se apresenta na relação médico-paciente de maneira determinante.

Os conceitos e as definições de psicose, neurose e perversão foram substituídos pela noção questionável de distúrbio, desordem ou transtorno. Tanto é assim que não passa despercebido o fato de o diagnóstico da histeria ter sido excluído da classificação nosográfica, enquanto, em contrapartida, se consagrou oficialmente a categoria da depressão. Em outras palavras, a histeria – até então conhecida, descrita e classificada pela psiquiatria clássica – dá lugar a uma nova noção, alheia, inclusive em sua origem, à ciência psiquiátrica, desaparecendo sob a nova denominação de distúrbio dissociativo ou conversivo, podendo plenamente ser concebida como um distúrbio depressivo, tamanha a indefinição e a imprecisão dos termos aplicados.

Essa tomada de posição (a partir do DSM-III, que exclui a neurose histérica e privilegia a depressão como transtorno ou distúrbio do humor) curiosamente remete a um interessante aspecto a ser analisado, pois a questão central desvelada pela histeria funda-se estruturalmente em uma maneira de desafiar a ordem estabelecida, encontrando uma forma de burlá-la. O sintoma (histérico) apresenta-se como uma solução de compromisso encontrada pelo psiquismo. Por um lado, atende às finalidades do recalque, mas, por outro, manifesta-se como via substitutiva de satisfação desviante. A depressão, ao contrário, adquire seu sentido somente a partir dessa ordem dominante, colocando-se como um meio de rejeição à luta, de retirada de investimento e da conformidade com o estabelecido. Apesar disso, assim como em todo sintoma, a depressão necessária carrega, ainda que de modo velado, a denúncia daquilo que pretende encobrir e controlar.

No DSM, a depressão aparece classificada e definida como um distúrbio do humor. A característica essencial desse grupo de distúrbios é uma perturbação do humor, acompanhada de uma síndrome depressiva ou maníaca, total ou parcial, que não é consequente a qualquer outro distúrbio físico ou mental. *Humor refere--se a uma emoção prolongada que colore a vida psíquica; geralmente envolve depressão ou elação.* Um distúrbio de humor é determinado pelo padrão dos episódios de humor. O manual pretende dar conta descritivamente dos tipos de síndromes depressivas e o foco central é a descrição dos diversos sintomas e suas ocorrências possíveis. Os fatores predisponentes ou as causas desencadeantes dos quadros depressivos são assinalados secundariamente, salientando-se entre eles os chamados *múltiplos estressores psicossociais.*

Dois tipos de depressão são destacados: o episódio depressivo maior (melancólico ou crônico) e a distimia (forma mais branda e crônica de depressão). A única terapêutica assinalada – com ênfase na depressão melancólica – é a medicamentosa, ou seja, com o uso de antidepressivos. É interessante mencionar que, como o manual não se atém às causas da depressão com vistas à sua classificação e sua descrição, permanece absolutamente imprecisa a natureza da doença, uma vez que o humor, *colorido da vida* psíquica, tanto pode ser uma substância química cerebral quanto um afeto que se liga e interfere na dimensão das representações ideativas.

Vale repetir, entretanto, que, na primeira versão do DSM, eram levadas em conta noções da psicanálise e da psiquiatria denominada *mais dinâmica*. Os aspectos culturais, existenciais e patológicos apareciam correlacionados, e a causalidade orgânica era apontada, mas tal combinação permitia a indicação de tratamentos psicoterapêuticos *em associação* aos medicamentosos. Entretanto, cada vez mais as ideias freudianas foram sendo abandonadas e questionadas pela psiquiatria, e, nas quatro revisões posteriores, deu-se o que Roudinesco (2000) bem chamou de *uma limpeza gradual, dita teórica,* visando a demonstrar que os distúrbios da alma e do psiquismo deviam ser reduzidos a uma explicação orgânica, quase mecânica do funcionamento cerebral. A partir dos anos 1980, todos os tratamentos racionais, inspirados na psicanálise, alerta Roudinesco, foram violentamente atacados em nome do avanço espetacular da psicofarmacologia.

Sob a denominação depressão designa-se habitualmente tanto o quadro clínico caracterizado pela presença de elementos diversos: tristeza, inibição psicomotora, autoacusação, visão pessimista da vida etc., quanto o estado afetivo de tristeza. Essa equiparação entre a síndrome e um dos sintomas não é mera confusão terminológica, e sim reflete uma concepção causal (Bleichmar, 1983). A tristeza seria o principal elemento que põe em marcha os demais. Desse modo, as depressões formam parte da categoria nosológica dos transtornos do humor ou da afetividade. Com isso, elimina-se, com base nos princípios químicos e biológicos, o caráter subjetivo e singular de reações intrinsecamente humanas.

CID-10: Organização Mundial da Saúde

Em relação à CID-10, encontra-se a depressão classificada como um *transtorno* de humor. A palavra *transtorno* é adotada em todo o manual, embora desde o início seja apontada como ainda imprecisa, porém menos "problemática" se comparada às palavras *doença e enfermidade*. Transtorno é usado para indicar um conjunto, quase um somatório, de sintomas. Pretende-se maior objetividade, e a tendência é retirar a discussão sobre os elementos psicodinâmicos, uma vez que se visa exclusivamente à classificação e à descrição dos fenômenos mentais. Embora, do ponto de vista descritivo, ou seja, da relação dos sintomas envolvidos (inclusive no que diz respeito ao prazo de duas semanas para a persistência de pelo menos três deles como definição diagnóstica), os dois manuais sejam bastante semelhantes, na CID-10 alguns elementos devem ser destacados, pois evidenciam a fragilidade e até mesmo a imprecisão das classificações. Desde o início, é admitido que não há concordância entre os psiquiatras a respeito das classificações dos transtornos de humor; as descrições limitam-se a aspectos clínicos e emocionais, sem qualquer explicitação no que se refere às medidas fisiológicas ou bioquímicas.

Na verdade, as expressões *humor* e *afeto* aparecem de modo tão impreciso e indiscriminado quanto na descrição adotada pelo DSM, que se refere ao humor como uma emoção prolongada, que envolve elação ou depressão. Na CID-10, não há qualquer menção aos critérios utilizados para definir humor; evidencia-se a tentativa de superar essa imprecisão pelo *esgotamento de todas as opções passíveis de serem descritas*. São sete tipos e 45 subtipos de transtorno de humor, descritos sob o argumento de que *o status científico dessa síndrome é questionável.* É preciso dizer que, apesar da pretensão de cientificidade, assinalada então de modo indireto, o fato de essa classificação ser bastante fiel ao seu propósito descritivo permite a identificação de aspectos importantes para a análise e o questionamento, pois a depressão se circunscreve a partir do somatório de muitos fatores, que nem sempre estão presentes. Fica-se com a impressão de que o somatório de todas as partes conduz finalmente a um resultado difuso.

Primeiramente, admite-se que a dificuldade na classificação da depressão ou dos transtornos do humor reside em uma *infinidade de visões dos clínicos* que é altamente influenciada pelos tipos de pacientes que atendem. Em segundo lugar, o grande número de tipos e subtipos descritos considera aspectos mais amplos, como *transtornos especificamente culturais* e *neurastenia*. Embora sejam mencionados apenas na introdução do manual, desaparecendo para fins de classificação, os fatores de ordem *social* poderiam estar associados ao aparecimento e/ou acentuação da depressão. Não se pode deixar de observar o estado depressivo associado a uma enorme gama de aspectos psíquicos e situações de vida, sendo os episódios classificados desde leves até psicóticos graves. Além disso, qualquer pessoa que folheie rapidamente a CID-10, no que se refere a outros grupos de transtornos descritos, encontrará a descrição de estados depressivos também a eles associados. Em certa medida, a vastidão de fenômenos descritos, além das dificuldades de definição e precisão dos termos, apontadas pelo próprio manual, que coloca em questão o *status científico* da classificação apresentada no que se refere aos *transtornos de humor*, sugere a necessidade de investigação e sistematização rigorosa. Se as medidas fisiológicas ou bioquímicas, que deveriam ser detectadas a partir da base orgânica da doença, não são especificadas, se não são definidos os pressupostos fundamentais (transtorno, humor etc.) e, finalmente, se os estados depressivos podem ser identificados em múltiplas situações, é possível concluir, no máximo, que a depressão se apresenta como uma reação psíquica diante de uma gama enorme de possibilidades. Permanece a indefinição, pois não se pode deixar de continuar perguntando: o que é depressão? Transtorno de humor? O que é humor? Etc. etc.

A assepsia dos manuais e a mitificação da ciência

Por um lado, a psiquiatria caminhou na direção da descrição e da classificação dos estados mentais e, por outro, junto ao desenvolvimento da psicofarmacologia, buscou no progresso das ciências biológicas, sobretudo na genética psiquiátrica, a elucidação da base orgânica da depressão. No entanto, a julgar pela amplitude dos fenômenos psíquicos descritos e agrupados como transtornos de humor, cabe questionar se a psiquiatria moderna não tenta *dominar* o sujeito à custa da mitificação da ciência, nos moldes apontados por Horkheimer e Adorno (1944/1985). A leitura desses manuais de psiquiatria demonstra as dificuldades tanto em se estabelecer um diagnóstico quanto em adotar as medidas terapêuticas necessárias. Na CID-10, cabe destacar, nenhuma medida terapêutica é apontada, e a descrição e a classificação apresentadas, sob as ressalvas já mencionadas, permitem um exame amplo da questão e, portanto, menos tendencioso. Já no DSM a terapêutica medicamentosa ganha destaque e a utilização *mitificada* do conhecimento apresentado evidencia-se, uma vez que as categorias e as terapêuticas são mostradas de forma a não permitir questionamentos.

É preciso concordar com Costa Pereira (2002) quando o autor ressalta a necessidade de acompanhar os avanços que a psiquiatria vem fazendo junto à neurobiologia e à genética. Porém, deve-se assinalar a existência de uma tendência extremamente redutora (e ideológica) de apreensão do sujeito, a partir de uma reação do psiquismo – a depressão – que, se insiste e recorre, mais do que ser controlada ou eliminada, deveria ser decifrada. Todos os fenômenos psíquicos/mentais podem ser considerados abstratos, compreendidos a partir de suas representações, mas são também produzidos por substância biológica e se inscrevem em um suporte corporal. Entretanto, a ele podem ser reduzidos? A biologia é certamente uma via para encontrar respostas fundamentais acerca do funcionamento cerebral, das funções mentais, mas não se pode dizer que a *biologização* excessiva das últimas três décadas (Gorayeb, 2002) permite prescindir da visão clínica e da *criatividade*, sob pena de os psiquiatras tornarem-se meros promotores do consumo de drogas oficiais, *que prometem o que não podem cumprir*.

Em nome de um pretenso cientificismo, fomenta-se puramente a ideologia. Se a psiquiatria optou pelas classificações e descrições exaustivas dos fenômenos psíquicos, com o objetivo de facilitar aos psiquiatras a identificação do diagnóstico e a indicação da terapêutica (em geral medicamentosa), fica eticamente comprometida a elucidar as etiologias das enfermidades que, atualmente, são descobertas nas micro lesões funcionais e bioquímicas produzidas pelo organismo (Birman, 1999), para além da criação de um discurso pseudocientífico que mitifica expressões, como: neurotransmissores, serotonina – bases de sustentação do ideário da psicofarmacologia. É necessário atentar para o resultado destas descrições exaustivas dos diversos quadros clínicos a partir de uma gama tão abrangente de comportamentos, transformando todas as reações do sujeito, enfim, a subjetividade, em simples resultante do funcionamento cerebral, considerando, sobretudo, a sua regulação bioquímica.

Depressão: transtorno ou distúrbio do humor

Outro ponto merece ainda ser destacado, pois se refere aos fundamentos e pressupostos que sustentam a psiquiatria (mais confortavelmente) no campo das ciências médicas. A depressão, do ponto de vista da psiquiatria moderna, está classificada como um distúrbio, um transtorno do humor, com uma acentuada explicação dos mecanismos cerebrais envolvidos ou submetidos aos problemas quantitativos de uma substância que alimenta o cérebro, a serotonina.

Nessa medida, é óbvio que, para a psiquiatria, a definição do que vem a ser o humor não se apresenta como imperativa, pois os transtornos de humor ocorrem, principalmente, em consequência das alterações quantitativas de um substrato que circula no tecido nervoso cerebral, a substância chamada serotonina.[3]

Não é difícil compreender que a elucidação da base orgânica dos fenômenos psíquicos é de fato mais importante para a psiquiatria do que a elucidação acerca do conceito de humor, pois se parte do pressuposto de que a base biológica das reações mentais é seu objeto central de estudo, que conduz suas investigações a uma inevitável articulação com as ciências psicofarmacológicas.

Conforme se procura demonstrar, a psiquiatria, nem tanto do ponto de vista da clínica praticada pelos psiquiatras, mas, sobretudo, pela explicitação de seus princípios biológicos, circunscreve-se como uma especialidade da medicina moderna. Segundo apregoam alguns psiquiatras, dizer que a psiquiatria é organicista ou biológica é apenas cometer um pleonasmo.

Essa explicitação de princípios é fundamental, pois, vale ressaltar, apenas diante de um posicionamento definido é possível

---

[3] Base do ideário da psicofarmacologia e dos princípios que explicam a medicação antidepressiva, conforme se acompanhará a seguir.

a formulação de contrapontos que não necessariamente levam a cisões ou oposições simples, mas permitem uma reflexão mais aprofundada.

Em outras palavras, embora a prática clínica dos psiquiatras se sustente também em outros eixos de compreensão acerca dos fenômenos psíquicos, visto que muitos deles são também psicanalistas (ou psicoterapeutas de outras abordagens) e têm levantado questões bastante pertinentes sobre o tema que vem sendo debatido no presente livro,[4] não se pode deixar de considerar os pressupostos teóricos que sustentam a ciência psiquiátrica no campo da medicina científica. Na verdade, aqui se coloca um dilema, pois, se à neurobiologia e à psicofarmacologia se coloca como central a investigação das bases orgânicas do funcionamento mental, o que restaria à psiquiatria? Apenas a direção do esgotamento das descrições e classificações? Quais seriam os fundamentos próprios que embasariam sua psicopatologia?

É imperativo refletir sobre a opção da ciência psiquiátrica em sua evolução, pois, como bem colocam Adorno e Horkheimer (1944/1985), a forma burguesa do esclarecimento perdeu-se em seu aspecto positivista. Citando os autores:

> *A suspensão do conceito – não importa se isso ocorreu em nome do progresso ou da cultura, que há muito já haviam se coligado contra a verdade – abriu caminho à mentira... Mas uma verdadeira práxis revolucionária depende da intransigência da teoria em face da inconsciência com que a sociedade deixa que o pensamento se enrijeça. (p. 51)*

---

4 A esse respeito, vale a pena consultar o livro organizado por Maria Lucia Violante (2002): *O (im)possível diálogo. Psicanálise e psiquiatria.*

O resgate da teorização, nessa perspectiva, recoloca à psiquiatria a necessidade de recuperar a intransigência da teoria, perseguindo a melhor sistematização do campo conceitual, pois o funcionamento psíquico dos sujeitos e suas patologias, objetos genuínos da psiquiatria, não se reduz ou não se explica apenas pela base orgânica que o suporta.

Entre a psiquiatria e a psicanálise

Desde as primeiras publicações da obra freudiana, a psicanálise abriu um tenso e controverso diálogo com a ciência psiquiátrica, uma vez que suas ideias eram consideradas estranhas ou estrangeiras às fronteiras da psiquiatria e, ao mesmo tempo, tomadas como pressupostos a serem avaliados no âmbito da medicina moderna. É certo que, desde o início, as questões referentes à cientificidade da psicanálise e sua inserção no campo da psiquiatria e da(s) psicologia(s) vêm sendo debatidas, e um exame cuidadoso desse tema será sempre pertinente. No que diz respeito às ideias aqui defendidas, cabe destacar que, se a psicanálise e seus pressupostos psicodinâmicos imprimiram nítidas tendências no campo conceitual da psiquiatria, que foi incorporando gradualmente algumas das noções psicanalíticas, a partir da década de 1950, tem início um afastamento progressivo entre as duas disciplinas que vem se intensificando até os dias de hoje.

Entretanto, situar as duas disciplinas em campos opostos e definir nitidamente seus objetos e objetivos como distintos pode fundar um eixo equivocado que, levando desde diálogos polidos e bem-intencionados até rupturas ruidosas, significa encobrir os verdadeiros limites e entraves que, a bem da verdade, as duas disciplinas encontram quando se deparam tanto com a necessidade da teorização quanto com as decisões clínicas a serem tomadas nos casos de depressão. É preciso, portanto, manter a tensão inerente ao fato de que psicanálise e psiquiatria possuem enfoques diversos acerca da depressão, que, de certo modo, são antagônicos, sobretudo no que se refere a decisões clínicas, conforme se pretende demonstrar a seguir.

Cabe destacar, não se trata da instalação de uma contenda entre psiquiatras e psicanalistas,[5] até porque no exercício profissional essas funções se sobrepõem em muitos casos. Porém, há a necessidade de uma discussão que no final das contas transcende as duas disciplinas e diz respeito às condições de vida, saúde e adoecimento mental do ser humano contemporâneo. Somente quando as questões e os impasses estiverem explicitados, a interlocução será profícua e poderá produzir mudanças importantes para ambas as disciplinas.

O que diz a psicanálise sobre a depressão? Mesmo sendo notório o fato de que a clínica psicanalítica aborda o singular e visa ao sujeito, utilizando a sintomatologia como um meio de aceder às complexas construções do seu psiquismo, como a teoria psicanalítica pode lançar luz sobre a compreensão dos estados depressivos que atualmente se apresentam na clínica aos psicanalistas por meio do julgamento que o sujeito faz do seu mal-estar? Se é possível compreender a depressão dos sujeitos a partir de outra óptica que não a da bioquímica cerebral, a explicitação dessas formulações é

---

5 Freud proferiu uma conferência, publicada em 1917, cujo título é "Psicanálise e psiquiatria", na qual deixa claro que a psiquiatria não emprega a técnica psicanalítica, toca superficialmente no conteúdo dinâmico da doença mental e descreve uma etiologia geral e remota quando aponta para a hereditariedade e a biologia. Contudo, Freud acreditava não haver contradição ou oposição entre as duas disciplinas, afirmando que a psicanálise se relaciona com a psiquiatria assim como a histologia com a anatomia. Curiosamente, Freud afirma que não era a psiquiatria que antagonizava com a psicanálise, e sim os psiquiatras. Há ainda outro aspecto a ser mencionado quanto às críticas feitas nesse texto em relação às terapêuticas, que será retomado no próximo tópico.

imprescindível, sobretudo quando se considera a ideologia presente na disseminação da depressão como uma entidade vaga e ampla que abrange tantas reações psíquicas e físicas do sujeito.

Se a clínica psicanalítica não visa à eliminação simples de sintomas e, portanto, não busca necessariamente a cessação dos sintomas depressivos de seus pacientes, isso não autoriza a concluir que à psicanálise não se coloquem interrogantes fundamentais, tanto a partir dos pacientes cujo grau de sintomatologia extremamente grave os aprisiona em um estado de depressão violenta e devastadora, quanto a partir da utilização disseminada da depressão como um significante que condensa e explica os sujeitos de um modo alienante.

Nesse sentido, psiquiatria e psicanálise, por partirem de enfoques diferentes, contrapõem-se, no mais das vezes, devido às suas diferenças de concepção não conciliáveis em todos os casos e que devem ser mantidas justamente quando se busca o diálogo que objetive a compreensão aprofundada dos fenômenos psíquicos. Os diálogos entre as disciplinas, como bem coloca Adorno (1955/1986), não devem partir de um tipo de ideal extraído das ciências naturais, que visa à unificação conceitual, o que não é passível de ser alcançado ante uma sociedade cuja unidade se obtém do fato de não ser unitária. Supor uma harmonização conceitual é não considerar que o ser humano já se constitui enquanto sujeito cindido, divorciado de seus impulsos, devido a determinações sociais, que o antecedem e que por ele são incorporadas, como se fossem inevitáveis.

Porém, a diferença entre indivíduo e sociedade não é apenas quantitativa: a ela aponta unicamente a restrição de um processo social que deixa sua marca de antemão nos sujeitos individuais como apenas portadores de função dentro do processo coletivo. Nenhuma

> *síntese científica pode reconciliar o que está em contradição desde o princípio. (Adorno, 1955/1986, p. 45, tradução nossa)*

Adorno explicita que a divergência entre indivíduo e sociedade é sempre de origem social e que a tentativa de integração das ciências é *expressão de desamparo, não de progresso*. Afirma ainda, ao contrário, que só por meio da insistência e persistência no particular será possível romper o caráter monadológico e descobrir o geral em seu núcleo, pelo conhecimento que se produz na compreensão da contradição, única via para se apreender a totalidade. Exatamente por isso, constitui-se um equívoco buscar um tipo de interdisciplinaridade que deforma e encobre os entraves encontrados a partir da cisão do sujeito, pois se tende a neutralizar, por meio da *falsa* oposição entre *homem natural* e *homem social*, os aspectos conflitantes inerentes à constituição da subjetividade humana.

O humor e a psicanálise

Do ponto de vista psicanalítico, não se pode prescindir de um rigoroso exame conceitual, que se inicia, sobretudo, com a sistematização da noção de humor. Obviamente, humor não é um conceito psicanalítico, e sua utilização por Freud foi bastante restrita e específica. Apesar disso, do nosso ponto de vista, suas ideias podem lançar luz sobre a discussão, na medida em que o humor se relaciona às dimensões afetiva e pulsional da vida psíquica, referindo-se a fenômenos conscientes e pré-conscientes, também determinados por manifestações pulsionais e inconscientes. Em 1927, Freud publicou um texto intitulado "O humor", no qual retoma, à luz de suas mais recentes formulações teóricas, questões desenvolvidas sobre os chistes em 1905. Vale a pena acompanhá-lo em suas formulações, embora se deva ressalvar a abordagem da questão sob uma perspectiva bem diversa daquela em que a depressão é classificada como transtornos do humor pela psiquiatria.

De todo modo, um interessante caminho de reflexão se abre a partir desse texto, fundando os alicerces de uma ponte conceitual que merece ser mais bem considerada. Segundo Freud, o humor tem algo de libertação, de grandeza e de elevação, que se alcança pelo triunfo do narcisismo, na afirmação vitoriosa do eu que se recusa a ser afligido pelas provocações da realidade, a permitir ser levado ao sofrimento. O humor é a efetivação do princípio de prazer, a possibilidade de rejeitar, de não aceitar como certas as exigências da realidade. Freud busca no texto, de modo inequívoco, uma explicação dinâmica para definir ou explicar o humor, extraindo da relação entre o eu e o supereu os principais elementos para a compreensão do que leva o indivíduo a encontrar saída nas reações *bem-humoradas* ou *humorísticas*. Obviamente, trata-se de um texto breve, escrito em cinco dias, mas no qual Freud não abre mão da perspectiva psicanalítica de compreensão dos fenômenos psíquicos.

O humor é alçado às categorias mais sofisticadas das reações psíquicas, pois permite ao sujeito a reformulação tanto da história pregressa quanto dos acometimentos atuais de maneira criativa e fluente, possibilitando modos de saída pulsional mais típicos da sublimação, tal como Freud a concebia. Contudo, a reação humorada não seria um modo específico de funcionamento psíquico, assim como as produções artísticas, e sim um estado, uma condição na qual é possível ao sujeito se destacar dos padrões repetitivos das suas reações psíquicas e *inovar*. As provocações da realidade, como bem coloca Freud, não conduzem ao círculo vicioso da neurose no qual o sujeito se vê sempre compelido a sofrer. Ao contrário, das situações atuais da vida, o sujeito consegue extrair prazer.

Freud faz uma ressalva fundamental, destacando que não se trata de resignação, acomodação diante dos problemas cotidianos, pois o humor jamais é resignado, mas é sempre rebelde. O humor, segundo ele, possui duas características fundamentais: a rejeição das reivindicações da realidade e a efetivação do princípio de prazer. "Seu desvio da possibilidade de sofrimento coloca-o entre a extensa série de métodos que a mente humana construiu a fim de fugir da compulsão de sofrer" (1927b/1974, p. 191). Nesse ponto, abre-se uma discussão essencial, da qual Freud não se esquiva nesse texto, embora a aborde de forma incipiente. As reações humorísticas poderiam apresentar relação com a patologia, uma vez que produziriam nos sujeitos o afastamento da realidade e a intensificação da ilusão. Freud pergunta-se se a atitude humorística, atitude por meio da qual uma pessoa se recusa a sofrer, dá ênfase à invencibilidade do eu pelo mundo real e sustenta vitoriosamente o princípio de prazer, sem ultrapassar os limites da saúde mental. A fim de elucidar essa questão, toma a noção de supereu, herdeiro da figura paterna, sugerindo uma explicação psicodinâmica para o humor. Na reação humorística, o indivíduo hipercatexiza seu supereu e, desse modo, altera as reações do eu. Diz ele:

> *O principal é a intenção que o humor transmite, esteja agindo em relação quer ao eu quer a outras pessoas. Significa: "Olhem! Aqui está o mundo, que parece tão perigoso! Não passa de um jogo de crianças, digno apenas de que sobre ele se faça uma pilhéria!..." Ademais, nem todas as pessoas são capazes da atitude humorística. Trata-se de um dom raro e precioso, e muitas sequer dispõem da capacidade de fruir o prazer humorístico que lhes é apresentado. (Freud, 1927b/1974, p. 194)*

Ora, o *refinamento* das ideias de Freud conduz a aspectos fundamentais. Não se trata de resignação, de uma atitude estoica do eu, que de maneira apática se retira da realidade para não ser atingido por ela (não é essa a lógica do sujeito deprimido?), nem de uma atitude que retira o eu triunfante, de uma forma maníaca, das adversidades da vida. O humor é uma saída psíquica, como ensina Freud, rara e preciosa, que possibilita ao sujeito, diante de situações que poderiam levar o eu à regressão e ao sofrimento, a intensificação das possibilidades de atuação do supereu em prol da recuperação do equilíbrio dinâmico. O supereu, instância psíquica herdada da cultura, possibilitaria prazer ao eu, usando os recursos aprendidos de que dispõe, não apenas a serviço do recalque, mas, sobretudo, fornecendo os elementos que fortalecem o eu, menos pelo enrijecimento neurótico e mais pela flexibilização e fluência pulsionais.

Claro está que não se trata aqui, vale repetir, da mesma perspectiva na qual a psiquiatria se pauta para classificar a depressão como transtorno do humor. Porém, a enunciação das ideias defendidas por Freud nesse texto obriga, seja a partir de uma justaposição, seja mais propriamente pela contraposição, a uma reflexão acerca da depressão que leve em conta essa óptica. O sujeito deprimido – entende-se aqui a depressão como um sintoma – estrutura-se psiquicamente a partir de suas condições herdadas e das disposições infantis que passam a constituir o eixo em torno do qual o sujeito dispõe de possibilidades dinâmicas de se relacionar com o mundo, com os objetos.

Ora, é fundamental entender o que Freud chamava de equação etiológica das patologias psíquicas, pois, na depressão, os indivíduos em geral se debatem, na perspectiva do conflito psíquico, com um supereu extremamente rígido e violento, que promove ataques constantes ao eu. A depressão não deixa de ser a resultante de uma complexa conciliação realizada pelo psiquismo, no sentido da resolução do conflito psíquico que é também fomentado pelas situações atuais da vida. Dessa perspectiva, sua decifração aponta para uma reação que se colocou como necessária diante da impossibilidade de o sujeito encontrar outra forma de saída ante os embates de sua vida.

A psicanálise busca a compreensão do sujeito a partir da análise meticulosa de suas representações ideativas e afetivas, e não o contrário, ou seja, defini-lo a partir de uma noção de humor explicativa do sujeito. Ao situar o humor na relação entre o eu e o supereu, Freud não deixa de examinar o ser humano em seus embates com a cultura. Se o supereu é o principal herdeiro do processo civilizatório, é preciso pensar de que maneira e em que medida a ordem social predomina sobre a estruturação psíquica dos sujeitos, que, se atualmente tendem para a depressão como via resolutiva, não deixam de revelar, a partir da compreensão de seu funcionamento dinâmico, os prejuízos que as relações sociais podem causar. Em outras palavras, não é possível definir os sujeitos pelos sintomas que portam, mas cabe, sobretudo, interrogar por que os sujeitos deprimem, sejam eles neuróticos, psicóticos etc.

Entre a concepção psiquiátrica do humor e as formulações freudianas, revela-se uma diferença essencial, pois, para a primeira, o sujeito deprimido define-se pela depressão, ou seja, pelo transtorno do humor provocado pela carência de uma substância bioquímica, que desencadeia todas as suas reações e sensações subjetivas. Já para a psicanálise, a depressão, mesmo nos casos mais graves de melancolia, indica algo que só poderá ser decifrado a partir da desconstrução analítica de seus termos. A noção psicanalítica do humor refere-se a uma reação afetiva de prazer, não tão intenso quanto o prazer *apaixonado*, mas um prazer concedido pelo supereu, que é encarado pelo indivíduo como possuidor de um grande valor, pois, como já assinalado, é libertador e enobrecedor. Pode-se pensar em uma reação psíquica complexa e sofisticada, alçada às reações mais nobres do ser humano. Freud, ao falar de humor ou de atitude humorística, portanto, refere-se a um estado ou a uma qualidade psíquica.

Justamente por isso, seria mais correto contrapor ao conceito psiquiátrico a noção de afeto, definido por Freud como um *quantum*, o representante quantitativo pulsional, que só se expressa, com raríssimas exceções, quando ligado aos representantes ideativos do campo pulsional. Desse modo, as representações, ou seja, toda a rede de significações que está inscrita no psiquismo e que foi construída a partir da história da inserção do sujeito na cultura, são a via de compreensão, no particular, de quais são suas alternativas de existência. Ressalta-se novamente que Freud, ao conceituar o afeto (em diversos momentos de sua obra), confere a ele uma dimensão propriamente quantitativa. Contudo, esse *quantum* afetivo é essencialmente o representante quantitativo da *pulsão*, de natureza e determinação inconsciente, já que está ligado ao representante ideativo recalcado. A ideia, após o recalque, separa-se do afeto, que passará a ser qualificado não mais a partir de uma referência direta à pulsão, e sim a conteúdos pré-conscientes e conscientes. O afeto tem sua relação com a pulsão desviada, extraviada e, por isso, está sempre deslocado, seu significado é sempre fonte de equívoco.

É preciso questionar o que leva o sujeito a encontrar na depressão a única forma de reagir (ou não reagir) diante das dificuldades da vida. A compreensão psicanalítica sempre conduzirá à investigação da produção dos sintomas e seus múltiplos e sobredeterminados sentidos. A depressão só pode ser definida a partir da análise e da desconstrução de sua teia sintomática, resultado de sucessivos movimentos psíquicos de deslocamento e condensação, e porta sinais a serem analisados à luz dos conflitos psíquicos subjacentes.

A psiquiatria define o humor a partir de um âmbito propriamente fisiológico, que refletirá as condições gerais do metabolismo cerebral. Essa explicação do fenômeno depressivo a partir de uma visão fisiológica/orgânica não deveria necessariamente desconsiderar a complexa trama descrita por Freud, com o objetivo de elucidar o funcionamento mental e a constituição do sujeito. Contudo, cabe perguntar se a tentativa de compatibilizar as diferentes concepções não evidencia a fragilidade apontada por Adorno (1955/1986), pela junção de discursos díspares. Na verdade, trata-se mais da enunciação incansável das incompatibilidades, para que a cisão se explicite cada vez mais nítida como um interrogante que não pode ser rapidamente respondido pela costura apressada de elementos distintos. Conforme veremos mais detidamente adiante, sabe-se que, do ponto de vista dos tratamentos, o medicamento antidepressivo não se opõe necessariamente à terapia pela palavra. Ocorre que, por se tratar de perspectivas tão diversas, se instala inevitavelmente uma tensão que não pode redundar em uma visão simplista a apontar a solução única e verdadeira. Trata-se de dois níveis de compreensão do fenômeno que, se não podem harmoniosamente dialogar, não deixam, ao mesmo tempo, de provocar mútuos e profundos efeitos.

Mezan (1998) observa que falar em *competição* entre psicanálise e psiquiatria não é apropriado. Trata-se muito mais de elucidar os fatores de modo a esclarecer o debate e *situá-lo num plano menos tolo*. Para ele, a questão a ser investigada diz respeito à real relação (se é que há alguma) entre a psicanálise e as neurociências. A psicanálise se assenta em um paradoxo, uma vez que, como teoria, visa ao não individual, às leis gerais do funcionamento mental. Contudo, como prática, ela não pode deduzir *a priori* das correlações estabelecidas pela teoria quais são as significações específicas dos conteúdos escutados na análise (sempre singular) dos pacientes. A psicanálise se indaga sobre a significação inconsciente, construída a partir da desconstrução dos sentidos conscientes. Conclui o autor que, nessa perspectiva, o sintoma não tem para a psicanálise o mesmo estatuto que para a medicina orgânica ou para a psiquiatria. Uma das tarefas da análise é *descobrir e pacientemente desmontar a armaduras de mentiras que o sujeito conta sobre si mesmo*. A medicina não teria a mesma atitude diante do sintoma, que é visto como um fator de perturbação da saúde. Não há incompatibilidade entre a psicanálise e as descobertas das neurociências, pois os medicamentos psicotrópicos deveriam ser de grande valia no favorecimento das condições de *analisabilidade*, possibilitando ao sujeito, pela análise, aceder aos seus conteúdos inconscientes.

Entretanto, essa diferença não pode ser desconsiderada, pois ele mesmo aponta com clareza a diferença das concepções em sua natureza. Não se pode deixar de assinalar que a psiquiatria não estrutura sua clínica com o objetivo de criar nos seus pacientes as condições de *analisabilidade*. Na medida em que as perspectivas são diferentes, ou seja, a psiquiatria visa à remoção dos sintomas e a psicanálise faz uso deles como meio de aceder aos conteúdos inconscientes, circunscreve-se uma contraposição a ser enfrentada em muitos casos. São miradas distintas. É valiosa a afirmação de Mezan quando alerta para a superação de um confronto tolo e maniqueísta, mas, da mesma forma, supor que não existam aspectos *espinhosos* a serem enfrentados por se fundarem em uma visão cindida do sujeito, que fomenta distorções ideológicas graves, é também acreditar ingenuamente em uma harmonia que não existe.

Na verdade, o fato de a psicanálise buscar compreender o sintoma a partir da desconstrução da teia de representações psíquicas que o decifra não pode significar que, para o psicanalista, o sujeito não possua um suporte corporal e biológico. Os sujeitos também sofrem psiquicamente a partir de sintomas que se instalam no corpo, que, mesmo compreendido como corpo representado, erógeno, se apresenta também no real, na literalidade das manifestações físicas. Não se pode deixar de investigar, por exemplo, como interagem e se articulam as diferentes visões dos estados depressivos e quais são os efeitos das terapêuticas propostas.

Essa deve ser a medida da compatibilidade ou incompatibilidade, pois, se um sujeito não apresenta nível adequado de uma substância bioquímica em seu cérebro e isso explica o seu mal-estar, não é possível ao mesmo tempo buscar nas representações psíquicas o sentido primário dos seus sintomas. Em outras palavras, é preciso ressaltar que as concepções acerca de um mesmo fenômeno clínico partem de pressupostos diversos. Quais são as consequências para a ciência? Quais são as decisões clínicas a serem tomadas?

Citando brevemente as matrizes teóricas

Tomando algumas importantes formulações filosóficas acerca das paixões da alma – *Os sentidos das paixões*, de Cardoso (1988) –, dos estados afetados, das alegrias e tristezas e dos humores intensificados, vindo a estabelecer uma solução de continuidade (ou uma contraposição) com os chamados estados de ânimo, desânimos e apatias, podem-se destacar aspectos reveladores sobre a construção das divergências em relação à concepção do ser humano e seus estados afetivos.

Nas concepções de Aristóteles, São Tomás de Aquino e Santo Agostinho, a noção de alma é um eixo *fundante* do sujeito, pois a alma não só habita o corpo, mas nele toma forma, confunde-se com ele, e nessa justa medida torna-se a sede das paixões, dos estados emocionados e afetivos, que nada mais são do que reações do espírito. Descartes (1649/1983), ao contrário, expulsa a alma do corpo, buscando compreender as paixões a partir de processos fisiológicos do corpo, por um lado, e dos caminhos psicológicos da mente humana, por outro, que também deveriam ser aprendidos e explicados fisiologicamente. Classificando as reações corporais, orgânicas e os fenômenos da mente (consciência), as paixões são reduzidas pela lógica da fisiologia corporal, não sendo de relevância os chamados estados de espírito. Os estados de ânimo são estados do corpo. A tristeza, por exemplo, seria um fenômeno essencialmente nervoso: *uma dor que ofende os nervos*.

Em Freud, o conceito de *pulsão* é uma via importante para o aprofundamento do caminho que buscou resgatar as *paixões da alma*. O pensamento objetivo da medicina moderna e, consequentemente, da psiquiatria ignora o sujeito da paixão e não reconhece que por meio das paixões – sujeitos apaixonados, passionais e patológicos – atinge-se também o sujeito do conhecimento (Cardoso et al., 1988). A pulsão, conceito-limite entre o somático e o psíquico (Freud, 1915a/1974), descortina essa intricada e íntima relação entre o corpo e a mente, entre a natureza e a cultura, entre a paixão e a razão. A paixão, que pode ser um elemento que adoece e aprisiona o homem em seu mundo mítico, pode ser também, dessa perspectiva, uma afirmação de liberdade.

A pulsão, só conhecida a partir dos seus representantes psíquicos, tem fonte endossomática, continuamente flui em busca de satisfação e alcança a mente, expressando-se por meio de ideias, inicialmente imagens, carregadas de afeto ou energia de natureza libidinal. É certo que, partindo do ângulo da fisiologia, Freud toma a noção de arco reflexo para explicitar que a pulsão seria um estímulo aplicado à mente – um estímulo pulsional não disparado do mundo exterior, mas um sinal do mundo interno e, portanto, de natureza biológica. O conceito de pulsão apresenta um entrecruzamento fundamental, porém, de natureza controversa. Compreendendo o sistema nervoso como um aparelho, cuja função é se livrar dos estímulos que lhe chegam ou reduzi-los ao nível mais baixo possível (princípio de prazer/desprazer), Freud não deixa dúvidas quanto ao fato de a pulsão só se fazer conhecer na vida mental por meio de suas finalidades, e não por sua fonte somática.

Enquanto as escolas positivistas tendem a desconsiderar – e até mesmo desconhecer – o inconsciente e o mais puro irracionalismo, no qual imperam os movimentos irracionais, é preciso reconhecer que a psicanálise buscou resgatar a paixão – o *páthos* –, analisando-a no campo das ações cotidianas, dialogando com o sujeito também a partir de sua irracionalidade. De modo geral, a indústria cultural e seu mercado se apropriam de algumas ideias de paixão, dando-lhes um caráter difuso e homogêneo para que possam ser consumidas como objeto. A racionalidade do mercado traz em si a lógica da dominação dos sentidos. Horkheimer e Adorno (1944/1985), em sua crítica à sociedade moderna e sua indústria cultural, ressaltam que a organização social se encarrega de afastar as resistências manifestas que antigamente inflamavam as paixões, transferindo o controle para o indivíduo, que deverá se adaptar a qualquer preço. A paixão é rarefeita e simplificada, e cabe perguntar se não é exatamente essa a via para a compreensão do fenômeno de intensificação e de importância exacerbada da depressão.

Evidencia-se que as *leis* morais da sociedade capitalista, ou seja, suas regras sociais e econômicas, não incluem a realização dos desejos mais genuínos do ser humano, uma vez que o banalizam e o desconsideram no campo das relações sociais, como forma de dominá-lo. Repetindo, ocorre uma *tradução* do desejo para o nível da satisfação imediata por meio do consumo. Entretanto, as frustrações advindas da impossibilidade de acesso aos bens de consumo devem ser *administradas pelo indivíduo*, pois será ele que necessitará encontrar as explicações e os meios de adaptação que o coloquem em condições de consumir.

O sujeito impedido de se satisfazer por meio do consumo (equívoco totalmente fomentado pela sociedade capitalista) ou se enclausura com suas dores e mazelas, culpando-se – não se responsabilizando – pelos seus fracassos, o que pode conduzi-lo aos chamados quadros depressivos graves, ou adota uma maneira *estoica* e *petrificante* de viver, buscando alienar-se dos impulsos e desejos, tendendo a atitudes adaptadas e conformistas, transformando-se assim em um paciente depressivo crônico, mergulhado e definido pela depressão que o acompanha. Dito de outra maneira, não é mais capaz de reagir com *atitude humorística*.

Depressão e/ou melancolia

Em "Luto e melancolia", artigo no qual procura esclarecer o quadro melancólico, Freud (1915b/1974), considerando que algumas formas da doença sugerem afecções de natureza somática, deixa evidente que o material disponível, a partir da observação clínica, limita-se a casos de *natureza psicogênica* indiscutível. Freud se refere a causas excitantes resultantes de influências ambientais, associadas ao que ele denomina *disposição patológica*. Tomando ambos os elementos na origem da melancolia, ressalta seus traços distintivos em relação ao luto, descrevendo a complexa e dinâmica rede afetivo-libidinal, que se faz presente na estrutura psíquica do indivíduo melancólico.

Freud descreve a melancolia como um desânimo profundamente penoso, uma cessação de interesse pelo mundo externo, uma perda da capacidade de amar, uma inibição de toda e qualquer atividade e uma diminuição dos sentimentos de autoestima a ponto de encontrar expressão em autorrecriminação e autoenvilecimento, culminando numa expectativa delirante de punição. Freud deixa claro ainda que é a forte perturbação da autoestima, ausente no luto, o principal elemento diferencial da melancolia.

Cabe destacar que esse diferencial conduz Freud a indicar que na melancolia as causas excitantes se mostram diferentes, pois, ao contrário do luto, a perda do objeto possui uma natureza ideal, não se podendo ver claramente o que foi perdido, sendo razoável supor que o paciente não pode conscientemente perceber o que perdeu. Mesmo quando consciente da perda que deu origem à sua melancolia, ele sabe apenas identificar *quem* ou *o que* ele perdeu, mas não *o que se perdeu nesse alguém ou algo*. Freud conclui que a melancolia está de alguma forma relacionada a uma perda objetal retirada da consciência. A inibição do melancólico parece enigmática, porque não é possível saber o que o está absorvendo completamente.

Por que o ser humano precisaria adoecer dessa forma? Por que perdeu seu amor próprio?

Ainda no âmbito descritivo, Freud assinala que a insatisfação para com o eu se constitui na característica mais marcante do quadro melancólico, predominando em relação às insatisfações com o mundo externo, a não ser pelo temor de ficar pobre ou do empobrecimento (interno ou externo). Resumidamente, o eixo fundamental de explicação adotado enfatiza o ponto de vista econômico, uma vez que, segundo ele, a libido é retirada do(s) objeto(s), sendo reinvestida no eu. "Assim a sombra do objeto caiu sobre o ego" (Freud, 1915b/1974, p. 281).

Freud deixa claro que na melancolia a relação com o objeto não é simples: ou é constitucional ou provém das experiências que envolveram a ameaça da perda do objeto. As causas da melancolia, segundo ele, têm uma amplitude significativa, uma vez que não considera as causas constitucionais como necessariamente orgânicas, pois a ambivalência constitucional pertence por natureza aos conteúdos recalcados e às experiências traumáticas constitutivas do psiquismo. Na verdade, refugiando-se no eu, "representando-se na consciência como um conflito entre o eu e o supereu, *o amor escapa à extinção. Na melancolia, a consciência está cônscia de uma parte que não é essencial...*" (Freud, 1915b/1974, p. 281, grifo nosso).

A melancolia é um traço constitutivo da subjetividade burguesa (Horkheimer & Adorno, 1944/1985), pela renúncia essencial implicada na busca da racionalidade do ser humano, visando ao domínio da natureza. Contudo, entre esse traço constitutivo e o quadro melancólico descrito por Freud, descortina-se um eixo que necessariamente deve ser investigado em profundidade. Impõe-se claramente a necessidade de se discriminar a renúncia – condição para a passagem da natureza à cultura – que, colocada em termos psicanalíticos, se refere diretamente ao recalque originário, fundante da clivagem e da constituição do psiquismo, tanto do recalque secundário quanto das repressões sociais impostas pela civilização. Em outras palavras, permanecem as perguntas lançadas por Freud acerca das causas do adoecimento melancólico.

Evidencia-se que os múltiplos fatores e as causas determinantes do adoecimento devem ser analisados. Da melancolia (traço, sintoma ou síndrome) à depressão, tal como foi descrita e classificada no final do século XX, colocam-se questões que também remetem à ideologia e à maneira como as sociedades modernas se apropriam, incorporam e distorcem um fenômeno que, se está na base da constituição do sujeito pela sua exacerbação, se constituiria também em um poderoso meio de questionamento profundo das mazelas impostas pela civilização.

O mal-estar do ser humano diante das exigências culturais (Freud, 1930/1974) é a via de compreensão e, talvez, de saída para a humanidade, que só conseguiu se organizar à custa da opressão e da dominação. Entretanto, justamente a angústia passou a ser completamente desconsiderada e distorcida nas classificações nosográficas da depressão, que procuram torná-la um fenômeno de natureza corporal a ser eliminado ou, o que é mais comum e grave, a ser banalizado e incorporado culturalmente como um traço a ser controlado, como garantia de adaptação.

Um estudo psicanalítico sobre depressão

Bleichmar (1983), que desenvolveu um estudo específico sobre a depressão, a partir da investigação clínica psicanalítica, chama a atenção para as dificuldades e imprecisões decorrentes da tentativa de agregar uma significativa diversidade de quadros sob uma denominação singular, como se fosse uma única entidade. O autor alerta para o fato de a melancolia psicótica ter sido tomada como paradigma das depressões, sendo que qualquer indivíduo que apresente isoladamente um dos sintomas dessa síndrome pode ser considerado depressivo. O raciocínio implicado toma a parte pelo todo. Encontra-se assim uma situação singular: um quadro clínico do qual se afirma sua existência quando se apresentam alguns sintomas (tristeza, inibição etc.), embora esses elementos sejam prescindíveis, de modo que, mesmo quando faltem, pode-se continuar falando de depressão. Diante disso, a pergunta que se coloca diz respeito à base que constitui o fenômeno depressivo.

Busca-se uma padronização de fenômenos clínicos bastante diversos, como a depressão do luto normal e a psicose melancólica. Do ponto de vista de Bleichmar, seria necessário ressaltar os problemas dessas padronizações, uma vez que apenas seria possível e desejável, quando se trata genericamente da depressão, encontrar um denominador comum, uma *essência* do fenômeno depressivo que justificasse a manutenção do conceito unificador. Segundo o autor, as razões que podem haver incidido ao longo da evolução da linguagem para a aplicação de um termo a diversas condições não derivam da unidade real que pode haver entre estas, senão pelo fato de serem o efeito da ilusão sob a qual se acreditou descobrir essa unidade.

Entre as escolas intelectualistas que viam o transtorno ideativo como a essência da depressão e as escolas que preferiam considerar os afetos como causa das ideias, é preciso distinguir se o fenômeno se define por sua gênese, sua origem ou sua estrutura, ou seja, pela articulação de seus elementos. Do ponto de vista da gênese, um reduzido número de depressões – as chamadas endógenas – pode começar por transtornos da base material dos esquemas afetivos, enquanto a grande maioria o faz pelo lado ideativo, pois determinados conteúdos ideativos podem não ter o correlato emocional esperado. Conclui-se que a depressão, como estado, não pode ser descrita nem pelo choro, nem pela tristeza, nem pela inibição psicomotora, pois todos eles podem faltar, mas, sim, pelo tipo de ideias que possuem em comum todos aqueles quadros nos quais pelo menos uma dessas manifestações está presente.

As ideias não se referem propriamente aos temas de que se queixam os depressivos e que aparecem nos tratados de psiquiatria, como as ideias de ruína, de fracasso, de inferioridade, de culpa. Bleichmar deixa claro que, se essas ideias são capazes de produzir depressão, é porque elas implicam uma representação bem definida que o sujeito faz da não exequibilidade de um desejo em que alcançaria um ideal, ou uma medida, com o qual se sente arruinado, fracassado, inferior, culpado. Essa representação de um desejo como irrealizável, ao qual se está intensamente fixado, constitui o conteúdo do pensamento do depressivo, além das formas particulares que tenha. Por outro lado, desde a perspectiva de inexequibilidade do desejo, adquire profundidade o enunciado freudiano segundo o qual a melancolia (depressão) é a reação ante a perda do objeto libidinal. Tal perda é a condição de emergência de um estado no qual o desejo se representa como irrealizável.

Evidencia-se, a partir das considerações psicanalíticas de Bleichmar, que a depressão é um fenômeno bastante complexo, tanto do ponto de vista de sua gênese quanto daquele de sua estrutura e seu funcionamento.

Visões contrapostas

Dois aspectos merecem ser destacados: o primeiro diz respeito à concepção que procura dissociar o mundo dos afetos do representacional, ideativo. A tentativa de substituir – como base do fenômeno depressivo – o afeto pelo humor, compreendido como uma energia que investe e alimenta a atividade psíquica, descortina uma série de questões bastante controversas, uma vez que está em jogo uma concepção do fenômeno que aponta uma explicação essencialmente fisiológica e organicista.

Do ponto de vista da origem, perpetua-se uma imprecisão, pois o objetivo é a descrição dos sintomas depressivos impressos na fisiologia/neurologia do cérebro. De todo modo, essas considerações apontam a complexidade que não dispensa a discussão que inclui necessariamente o sujeito e sua relação com o mundo. O segundo aspecto se refere ao raciocínio – tomar a parte pelo todo –, pois se define e se classifica o indivíduo como depressivo pela avaliação imediata de sintomas que podem ser apresentados isoladamente ou não. Essa maneira de abordar o fenômeno obviamente conduz à banalização e à rarefação, pois tanto reações individuais diante das dificuldades cotidianas quanto vivências intensas dos quadros depressivos considerados graves passam a ser analisadas a partir do mesmo eixo explicativo.

Os dois aspectos – a concepção de humor e a tomada de uma parte pelo todo – relacionam-se mutuamente, pois o que se busca nessa tentativa de compreensão unificadora da depressão é a apropriação ideológica de uma enorme gama de fenômenos que poderiam conduzir a uma análise e uma crítica inevitável das condições de existência do ser humano contemporâneo. Os medicamentos antidepressivos vêm sendo desenvolvidos em larga escala pelos grandes laboratórios farmacêuticos dos países mais ricos, convertendo-se em uma alternativa para o tratamento das mazelas da humanidade, que não necessitaria senão de um alívio para sua sintomatologia. Visa-se à adaptação, e não necessariamente à cura. Nessa perspectiva, a origem da depressão será sempre secundária. O indivíduo estruturalmente depressivo, uma vez que a renúncia ao desejo está na base que o constitui subjetivamente, busca apenas se livrar da exacerbação dos sintomas que o impediria de se colocar como um ser econômica e socialmente produtivo.

De outro lado, sendo simultaneamente um método de investigação dos modos de funcionamento do psiquismo humano, uma forma de tratamento fundada nesse mesmo método e uma teoria geral sustentada pelos resultados dessa investigação, a psicanálise não pode se furtar a um posicionamento, avalizado pela escuta do singular, quanto à sua compreensão dos estados depressivos e das condições que seu método clínico apresenta a fim de resolver os embates surgidos na clínica contemporaneamente. A prática da psicanálise não pode ser alienada ou alienante (embora essas expressões, nos dias de hoje, sejam consideradas politicamente desgastadas), a ponto de considerar que a depressão enquanto sintoma, síndrome ou doença compreendida sob a óptica psiquiátrica dos transtornos do humor não se disseminou como uma explicação reduzida que o sujeito faz de si mesmo, sustentado pelo pseudodiscurso da ciência.

Na verdade, a passagem do particular, dos elementos singulares escutados pela clínica psicanalítica, para as generalizações e universalizações é fundamental, na medida em que as descobertas freudianas acerca do funcionamento individual terminaram por revelar o doloroso embate entre o indivíduo e a civilização. Nas palavras de Freud: "O problema da natureza do mundo, sem levar em consideração *nosso aparelho psíquico perceptivo, não passa de uma abstração vazia, despida de interesse prático*" (1927a/1974, p. 71, grifo nosso).

Como se evidencia nesse trecho, a relação do ser humano com a cultura é bastante complexa, mas a consideração dos polos, seja pela cisão, seja pela tentativa de unificação, é equivocada. É preciso compreender esse amálgama (Bolguese, 1997) a partir de seus elementos, alguns indissociáveis, outros não. Amálgama pressupõe a trituração de elementos que perdem algumas propriedades específicas, mas que, em última análise, podem ser recuperados e discriminados. Freud apontou essa cisão, levando em conta a dimensão conflitiva constituinte do psiquismo humano. Nesse sentido, a psicanálise deve se colocar como um instrumento que, na medida em que explicita os conflitos individuais, desvenda os determinantes culturais. Se a clínica psicanalítica não visa necessariamente à remoção dos sintomas depressivos, eles se revelam para ela a partir da exposição dos aspectos envolvidos. Se essa prática não for sistematizada, tal como Freud concebia suas investigações clínicas, corre-se o risco de perenizar a ideologia do eu triunfante, em contrapartida aos sujeitos que sucumbem à depressão devido a seus *déficits*.

Adorno (1955/1986) é enfático ao dizer que a psicanálise é a via de compreensão da irracionalidade objetiva, da subjetividade presente, porém subsumida. Demarcando, ao mesmo tempo, a importância da teoria psicanalítica para o esclarecimento e o risco de sua prática clínica ser colocada a serviço da manipulação ideológica, introduz contribuições importantes no que se refere à subjetividade e ao tênue limite entre o aprisionamento e a libertação dos sujeitos. Contudo, poderá a prática clínica, reconhecidamente refutada por ele, ser colocada como instigadora para o sujeito do confronto consigo mesmo e com o seu desejo? Será possível ao sujeito, para além de seu desamparo, uma existência mais digna, pela decifração do enigma construído e proposto pela sociedade como inevitável e natural?

3. Depressão e suas terapêuticas

Os medicamentos antidepressivos

É amplamente conhecido o percurso que Freud realizou na medicina, passando pela neurologia e pela neuroanatomia, como pesquisador razoavelmente competente. É fato também que, quando chegou à psiquiatria e à clínica devido a razões de natureza bastante objetivas, como a sobrevivência econômica e a necessidade de casar, Freud se preocupou sobremaneira com as terapêuticas disponíveis e sua eficácia. Os tratamentos psiquiátricos de que dispunha eram incipientes e questionáveis: a hidroterapia, a eletroterapia e até mesmo a hipnose (que adotou apesar das duras restrições que ele mesmo fazia às práticas consideradas *charlatãs*). Freud não encontrou outra saída senão inventar uma modalidade de tratamento das afecções neuróticas, em contrapartida às alternativas oferecidas pela medicina.

Contudo, Freud, que já havia pesquisado o efeito do uso de drogas, mais especificamente a cocaína e suas ações anestésicas, não vai deixar de mencionar em alguns textos (principalmente os chamados técnicos, escritos em 1912 e, posteriormente, em 1937) que as substâncias químicas deveriam inclusive substituir o tratamento psicanalítico. Ele acreditava que as drogas poderiam provocar alterações significativas nos estados psíquicos, o que levaria certamente ao abandono das terapias pela palavra.[1]

Inegavelmente, hoje é possível interferir com substâncias específicas sobre a transmissão e a circulação dos conteúdos mentais e neurológicos. Já se conseguiu alcançar variadas maneiras de modificar a bioquímica cerebral e, por conseguinte, a expressão biológica dos fenômenos psíquicos. De fato, tal como previra Freud, as substâncias químicas, os chamados psicotrópicos, passaram, desde o início dos anos 1950, a se constituir gradual e progressivamente na principal opção de tratamento para a psiquiatria. Se, por um lado, representando avanço e progresso, inicia-se a discussão acerca dos manicômios e a possibilidade de extingui-los ou, ao menos, esvaziá-los, por outro, passa-se a utilizar o medicamento de uma maneira tão indiscriminada e, por que não dizer, violenta que é possível pensar na instalação de uma era da *camisa de força* medicamentosa (Roudinesco, 2000).

Em um artigo publicado recentemente em um jornal de circulação diária,[2] Contardo Calligaris (2002) apresenta dados bastante significativos que foram divulgados no *Boston Globe*, sobre o estado de Massachusetts, Estados Unidos (embora se trate de uma tendência não só estadunidense). Na assistência médica oferecida aos necessitados, o custo anual dos remédios é de US$ 890 milhões, dos quais US$ 470 milhões (53%) são gastos em medicação psiquiátrica. Não se pode deixar de observar que essa tendência encontra na medicação uma alternativa para *solucionar*, na população carente

---

[1] As terapias pela palavra serão abordadas mais detidamente adiante.
[2] Jornal *Folha de S.Paulo*, 25 de julho de 2002. Os dados foram divulgados na coluna que o psicanalista Contardo Calligaris (2002) publica semanalmente nesse jornal.

e marginalizada, o sofrimento psíquico, o mal-estar que se intensifica, sobretudo, devido a condições indignas de existência.

O autor considera criticamente que essa seja uma opção política e econômica (pelo menos nos Estados Unidos, mas certamente não apenas lá) para o tratamento das afecções mentais. A necessidade de diminuir o tempo das internações apresenta correlação positiva com o aumento do número de remédios inventados nas últimas décadas.

Contudo, para além do fato de que essa questão já se converte imediatamente em uma *denúncia* importante, outros dados se colocam ainda mais como interrogantes, pois apontam a multiplicação dos remédios psiquiátricos prescritos a um mesmo paciente. A maioria dos pacientes daquele estado estadunidense toma regularmente dois antidepressivos ou mais. E a certo contingente de pacientes chega-se a prescrever mais de seis psicotrópicos diferentes.

Essa prescrição de muitas medicações pode se referir à dificuldade de conseguir, a partir da administração de uma dada droga, atingir o efeito pretendido. Cada remédio apresenta efeitos químicos definidos, mas seus efeitos terapêuticos são variáveis em diferentes pessoas e, conforme se demonstrará a seguir, instituiu-se uma lógica dentro do mercado específico da venda de remédios, com a criação de uma sofisticada rede de divulgação e, mais precisamente, propaganda dos medicamentos, cujo discurso é bastante revelador da passagem e da manipulação do discurso da ciência para fins ideológicos e econômicos.[3]

Os psicotrópicos estão atualmente agrupados da seguinte forma: os psicolépticos (hipnóticos, ansiolíticos, tranquilizantes e neurolépticos ou antipsicóticos), os psicoanalépticos (estimulantes e antidepressivos) e os psicodislépticos (alucinógenos, estupefacian-

---

3 Esse é o aspecto central analisado a partir dos estímulos selecionados, que se encontra na Parte II.

tes e reguladores do humor). Mesmo não curando propriamente as doenças psíquicas ou nervosas, os psicotrópicos transformam os doentes mentais em indivíduos mais controlados e controláveis, convertendo-os em "um novo homem, polido e sem humor, esgotado pela evitação de suas paixões, envergonhado por não ser conforme ao ideal que lhe é proposto" (Roudinesco, 2000, p. 42).

É importante ressaltar que, em princípio, o desenvolvimento desses medicamentos pareceu colocar ao ser humano a possibilidade de recuperar sua liberdade, seja do encarceramento nos diversos manicômios, seja do enclausuramento que a doença psíquica provocava. Em relação aos ansiolíticos e antidepressivos, as pessoas que sofriam de distúrbios neuróticos extremamente limitantes tiveram a oportunidade de se sentir melhores. Porém, a partir do alargamento da utilização dessas drogas, os sujeitos foram sendo gradativamente condenados a uma nova forma de alienação, pois se busca curar o sujeito de sua condição humana, prometendo o fim do sofrimento psíquico por meio de pílulas, que apenas fazem suspender os sintomas para reorganizá-los de outro modo em seguida (do mesmo modo que observara Freud, em 1895, com o emprego das técnicas hipnóticas no tratamento das pacientes histéricas).

A preocupação com a utilização indiscriminada e excessiva dos psicotrópicos, é certo, já sensibilizou a própria psiquiatria, que inicia importantes estudos para alcançar o uso criterioso de qualquer medicação. Não é incomum encontrar nas revistas das associações psiquiátricas[4] a recomendação de que o uso de antidepressivos é apenas uma das terapêuticas, a ser associada às psicoterapias (em geral, breves, suportivas e de práticas cognitivas) e às orientações de mudança de estilo de vida. Contudo, ao efeito dos remédios é

---

4 A *Revista Brasileira de Psiquiatria*, em seu volume 21, publicado em maio de 1999, dedica-se integralmente ao tema da depressão, apresentando interessantes artigos a respeito das terapêuticas, especificamente o de Fábio Gomes de Matos e Souza, cujo título é "Tratamento da depressão".

atribuída a melhora do paciente em 60% ou 70% do seu mal-estar. O que se apregoa mais enfaticamente é que a terapêutica medicamentosa é o eixo em torno do qual se organiza o tratamento da doença mental. As psicoterapias colocam-se como alternativas a serem buscadas e ao mesmo tempo revistas, uma vez que deveriam ser empregadas a serviço da manutenção das alterações positivas que os antidepressivos provocam, *cuja taxa de melhora dificilmente seria encontrada em outras abordagens terapêuticas.*

De outro lado, os psiquiatras e os médicos, profissionais que travam um embate cotidiano com a clínica, vêm se interrogando a respeito do uso indiscriminado da medicação e da eficácia das outras alternativas. Não se trata de atribuir equivocadamente a utilização indiscriminada da medicação antidepressiva aos psiquiatras ou médicos de modo geral. Embora, sem dúvida alguma, seja o médico o agente responsável pelo ato da prescrição do medicamento, torna-se necessária a compreensão de uma cadeia mais complexa, que induz pacientes, psicanalistas, psicoterapeutas, psiquiatras e médicos em geral a recorrer às terapêuticas medicamentosas, supostamente eficazes, pois solucionariam a maioria dos problemas dos sujeitos deprimidos. É impressionante observar como essa lógica se disseminou e ganhou força nas décadas de 1980 e 1990, pois a psicofarmacologia ainda se coloca imperiosamente no campo, determinando diagnósticos, cujos tratamentos deverão ser encontrados de modo inquestionável nas substâncias químicas largamente oferecidas no mercado.

Roudinesco (2000) aponta que a psicofarmacologia se tornou o símbolo da ciência triunfante, pois explica o irracional e cura o incurável: "O psicotrópico simboliza a vitória do pragmatismo e do materialismo sobre as enevoadas elucubrações psicológicas e filosóficas que tentavam definir o homem" (p. 24). Vale resgatar as considerações de Horkheimer e Adorno (1944/1985), que, ao buscar analisar o desenvolvimento científico, não deixam dúvidas quanto ao fato de que os aspectos ideológicos e ilusórios de toda ciência que se pretenda neutra e capaz de esgotar totalmente seus objetos conduzem de todo modo a outro tipo de irracionalismo. A ciência converte-se ela mesma em pura mitologia.

Destacando-se exclusivamente o medicamento antidepressivo que se transformou ruidosamente na pílula mágica (a pílula da alegria, como se verá na Parte II), na alternativa de cura para os mais diversos e diferentes males, observa-se de maneira curiosa que sua utilização se ampliou de maneira tão alarmante que questionamentos consistentes devem continuar a ser empreendidos. A qualquer pessoa, mesmo não apresentando distúrbios psíquicos significativos, mas que se vê atingida por imprevistos, tragédias ou infortúnios, administra-se a mesma medicação antidepressiva que se introduz aos sujeitos que apresentam as chamadas desordens graves, como a melancolia ou os transtornos psicóticos do humor.

Certamente, os antidepressivos são os psicotrópicos mais receitados hoje em dia, porém, ao mesmo tempo, não se pode afirmar que são os estados depressivos que vêm aumentando consideravelmente sua incidência. Estados psíquicos diversos, em sua maioria de natureza e características histéricas claras, são rapidamente diagnosticados como depressão ou traços depressivos. A depressão, como grande e principal categoria de explicação do sofrimento psíquico do homem contemporâneo, converte-se, como bem afirma Roudinesco (2000), em um paradigma para a psiquiatria e a medicina em geral.

Embora seja evidente que as terapias medicamentosas não se opõem às terapias pela palavra, a aplicação dos antidepressivos aos mais diversos níveis de distúrbios, nas mais diversas clínicas médicas e até mesmo na clínica geral, busca circunscrever a medicação como solução e saída eficaz, rápida e *asséptica*, prometendo ao sujeito um afastamento pleno do seu mal-estar. Essa questão será retomada adiante, no exame e análise dos materiais de divulgação dos grandes laboratórios. Conforme se poderá verificar, acredita-se no poder dos remédios convertidos em meio eficiente de afastamento das angústias e dos conflitos internos. Contudo, o resultado é o afastamento da essência de toda condição humana, como tão bem descreveu Freud.

Nesse sentido, cabe ainda assinalar que a retomada da psicoterapia na prática psiquiátrica se deu claramente na direção das terapias cognitivas e comportamentais, com a também retomada das categorias teóricas da psicologia da consciência. À psicanálise, embora não se estabeleça necessariamente uma relação de oposição e/ou exclusão das terapêuticas medicamentosas, impõe-se um manejo clínico bastante difícil, na medida em que não visa à eliminação pura e simples dos sintomas, mas, ao contrário, deles se utiliza, pois por meio deles podem-se encontrar as brechas para aceder ao sujeito. Obviamente, as terapêuticas medicamentosas trabalham na direção contrária, o que pode fazer divergir – e até colidir – da concepção que se tem de cura em cada um dos casos. Serão fundamentais o aprofundamento e a investigação sobre como essa contraposição possibilita ou impede o diálogo e a associação dessas práticas distintas.

Birman (1999) argumenta que uma das características da psicopatologia atual é se sustentar em fundamentos biológicos, uma vez que as neurociências se tornaram o principal eixo a instrumentar a construção teórica da psiquiatria contemporânea. Desse modo, após um percurso iniciado nas primeiras décadas do século XIX, a psiquiatria teria encontrado sua cientificidade e superado o incômodo de se ver discriminada e tomada como uma teoria e uma prática que se confundem com a irracionalidade de seu objeto.

As psicoterapias, sobretudo a psicanálise, compreendidas apenas como terapêuticas morais, terminariam por afastar a psiquiatria da medicina científica, o que a teria alijado dos saberes de seu próprio campo. Certamente, esse panorama introduz importantes elementos para a análise do desenvolvimento e da importância adquiridos pela psicofarmacologia, que desde a década de 1950 ofereceu à psiquiatria um meio de inclusão no campo dito científico e conseguiu se converter, finalmente, em uma especialidade médica.

Essas considerações explicitam e, de certo modo, justificam as tensões e os confrontos entre dois níveis de discurso – a saber, a psicanálise e a psiquiatria –, pois se produz claramente uma cisão questionável entre as causas morais e físicas das perturbações mentais. A linguagem bioquímica, os neurotransmissores, a serotonina tornaram-se as vertentes explicativas do funcionamento cerebral, fonte principal dos efeitos percebidos e considerados como psíquicos ou, em outras palavras, como reações e movimentos do sujeito.

Vale repetir que a psicofarmacologia acaba por se colocar também como a principal alternativa terapêutica valorizada pela psiquiatria, que, embora venha eventualmente se valer da psicoterapia, a desloca para uma condição complementar, adjacente. É comum encontrar nos discursos públicos da psiquiatria, desde manuais gerais até folhetos explicativos de centros ambulatoriais[5] ou dos laboratórios farmacêuticos (conforme se buscará demonstrar adiante), a equiparação da psicoterapia com espaços de conversa e apoio, enquanto a medicação prescrita encontra o tempo para agir de maneira eficaz no organismo.

Ora, essa cisão necessita ser mais do que assinalada, pois, tomando especificamente a psicanálise, como bem demonstra Birman (1999), verifica-se uma inversão intrigante. Se, até os anos 1970, a psiquiatria se pautava de modo significativo nas noções psicanalíticas, que lhe eram referenciais importantes, por que o diálogo entre os dois campos passou a se constituir em reflexo dessa

---

5 A esse respeito, consultar manuais da década de 1990 elaborados pelo Departamento de Psiquiatria do Hospital das Clínicas da Faculdade de Medicina da USP, como os divulgados pelo Programa de Distúrbios Afetivos (ProGruda).

cisão, cristalizando-se como contraposto e inviável? A psicanálise perdeu sua posição hegemônica, deixando de ser o eixo prioritário para a explicação e o tratamento das afecções mentais, sobretudo nos Estados Unidos, onde se voltou, ao contrário, para as neurociências e incorporou o discurso médico e psiquiátrico em um processo de *medicalização* (Birman, 1999).

Esses movimentos no campo científico não podem ser tomados apenas à luz do desenvolvimento dos saberes, pois a sobreposição dos discursos e a própria pretensão de se converterem miticamente em explicações totalizantes do sujeito apontam para os aspectos ideológicos que vêm sendo assinalados ao longo do presente trabalho. Recorre-se aos medicamentos antidepressivos como forma de alcançar a regulação dos humores e do mal-estar do homem, tornando a etiologia uma via secundária. Em outras palavras, distanciando-se das razões do sujeito. Acompanhando Birman:

> *Dessa maneira, para os ferrados que não conseguem dizer cheguei de peito inflado, a fórmula mágica é a alquimia, para mudar a circulação dos humores... Como os humores são essências eternas e universais destituídas de história e memória, basta a incidência de certas dosagens alquímicas para balançar a economia dos humores, para outros pontos de equilíbrio. (1999, p. 192)*

Na verdade, o fundamental a ressaltar diante dessa reflexão é que, nessa saída (aparente) oferecida aos sujeitos deprimidos, desvela-se um paradoxo, uma armadilha, pois, ao mesmo tempo que se vende a ideia de que os sujeitos sofredores não cabem mais socialmente, que é preciso colocá-los e mantê-los felizes dentro da ordem social, de outro, a utilização indiscriminada da medicação acaba por aprisionar o ser humano em suas condições limitantes. Não se objetiva *a cura* dos seus males, mas apenas a encontrar a melhor e mais econômica maneira de administrar o mal-estar. O espantoso é que, assim, o mal-estar deixa de funcionar como elemento de questionamento, convertendo-se no substrato, no alimento dessa subvida em sociedade. Além disso, a exacerbação do uso da medicação como saída para o sofrimento psíquico não deixa de ser a lógica presente, como muito bem destaca Birman (1999), no desenvolvimento e na expansão do narcotráfico mundial, pois o mercado das drogas ilegais e pesadas encontra suas condições de possibilidade na ética da mesma sociedade que recorre aos medicamentos psicotrópicos de maneira cindida e distanciada dos mais genuínos apelos subjetivos.

As terapias pela palavra

Mas e as chamadas terapias pela palavra? É fundamental ressaltar que a abertura dos manicômios, a partir da década de 1970, não se sustenta apenas na lógica da economia. Os movimentos da chamada *antipsiquiatria*, que surgiram na Europa,[6] visavam ao resgate do sujeito, à denúncia da alienação das pessoas em suas possibilidades de existência pelo *enclausuramento* e confinamento dos sujeitos que não se adaptavam à ordem social.

A contribuição desse movimento que se disseminou e expandiu mundialmente foi bastante significativa. O uso criterioso da medicação colocava-se como um instrumento valioso que possibilitava a desinternação, buscando também encontrar nas psicoterapias a alternativa eficaz de tratamento e de cura, ou seja, da via que impediria aos sujeitos o retorno a um estado de alienação que não os deixasse viver na sociedade. Exatamente por isso, não deixa de ser intrigante acompanhar a maneira pela qual esses princípios foram sendo cooptados pela lógica da economia, que encontrou

---

6   A esse respeito, ver Basaglia (1985).

no mercado dos psicotrópicos um rico filão de crescimento econômico, ao mesmo tempo que as terapias passaram a ser criticadas em relação à sua eficácia.

É preciso repetir a pergunta: e as terapias pela palavra? A que podem se propor realmente? Quais são seus limites? Não se pode deixar de enfrentar o fato de que para certos casos de adoecimento psíquico seu alcance é muito reduzido e, às vezes, inexiste qualquer possibilidade de se curar ou simplesmente conseguir efeitos terapêuticos significativos para os pacientes.

O fato é que, de um lado, enfrentam-se os limites e os ajustes difíceis das técnicas psicoterápicas e, de outro, é certo que não há interesse em investir economicamente em um instrumento que se apresenta questionável em seus efeitos, extremamente custoso e demorado, não podendo ser considerada uma atividade geradora de lucros na ordem econômica do sistema social.

Adorno (1955/1986) afirma que há correlações estatísticas entre os estados psíquicos mais graves (esquizofrenias, psicoses) e a população de baixa renda, colocando os métodos psicoterapêuticos, de modo geral, como instrumento para o tratamento de indivíduos neuróticos em consultórios particulares. Atualmente, essa colocação não deixa de levantar ainda questionamentos importantes, pois, diz ele, concebe o método profundo, mais lento, no qual o paciente se vê enredado durante anos e pagando um alto custo pela transferência, em contrapartida ao desenvolvimento de métodos mais rápidos e superficiais praticados nas instituições, que visam essencialmente a colocar os indivíduos em condição de retornar à vida produtiva.

Curiosamente, no caso específico da depressão, fenômeno que se disseminou de maneira ampla, seja pelo adoecimento flagrante do sujeito, seja pela generalização ideológica que se faz de sua lógica alienante, as terapias pela palavra aparecem associadas às terapêuticas medicamentosas de um modo sensivelmente generalizado, aspecto este que merece ser mais bem investigado, pois se dá o abandono progressivo da indicação das terapias psicanalíticas por parte da psiquiatria, que passa a associar ao tratamento as terapias cognitivas e comportamentais.

Em 1917, em uma conferência proferida para uma plateia constituída em sua maioria por jovens psiquiatras, Freud defende a ideia de que a psicanálise poderia ir além das terapêuticas psiquiátricas, no que diz respeito à compreensão dos sentidos dos sintomas e até mesmo das construções de significados presentes no delírio. Contudo, no final da conferência, ele diz que nem a terapêutica psiquiátrica, nem a psicanálise seriam capazes de influenciar os estados delirantes.

Em contrapartida, a partir da década de 1950, com o desenvolvimento da psicofarmacologia, cujos avanços até mesmo Freud considerava já naquela época como fundamentais para os tratamentos das patologias mentais, alcança-se a convicção de que a psiquiatria seria capaz de controlar os estados psicóticos a partir da utilização dos medicamentos psicotrópicos, e a psicanálise poderia intervir em casos nos quais as condições de *analisabilidade* do paciente fossem reconstituídas por meio do reequilíbrio de sua bioquímica cerebral. Esse casamento *harmônico* das terapêuticas possibilitaria uma vida mais digna aos pacientes, que poderiam ser desinternados e recuperar assim a sua cidadania.

De todo modo, o impasse provocado pelo fato de que os efeitos das terapêuticas poderiam ser mutuamente conflitantes sempre foi uma questão de difícil superação. Se o medicamento retira ou interfere nos conteúdos delirantes, ao psicanalista resta a impossibilidade de aceder a essas significações, talvez as fundamentais na determinação do adoecimento psíquico. Se o paciente permanece em um estado grave de alienação, ao psiquiatra coloca-se o ônus provocado pela persistência da doença que pode agravar o estado geral do sujeito.

Evidencia-se assim que essa associação das terapêuticas sempre foi um tema de delicado manejo para as partes envolvidas, *sobretudo para os pacientes*. Entretanto, cabe assinalar que a associação das terapêuticas era possível porque as correntes dinâmicas da psiquiatria sustentavam-se também por pressupostos teóricos que incluíam as perspectivas psicanalíticas na compreensão dos estados mentais (Baremblitt, 1998). Os avanços da psicofarmacologia colocavam-se, de certo modo, a serviço da elaboração das propostas terapêuticas mais complexas e que se sustentavam a partir da tensão provocada pelas suas diferenças, mas também pelas tentativas de articulação dos seus objetivos. Já o aparecimento da medicação antidepressiva se coloca como um marco importante que instaura inegavelmente uma mudança na correlação desses fatores.

O advento de medicamentos antidepressivos tornou a depressão um problema médico passível de tratamento. A psicofarmacologia da depressão evoluiu muito rapidamente nas últimas cinco décadas, incorporando os primeiros antidepressivos à tradição da clínica psiquiátrica como remédios que deveriam se associar a outras terapêuticas e que eram receitados muito mais criteriosamente pelos psiquiatras. A depressão ainda se colocava como um sintoma neurótico ou um estado psicótico a ser investigado e decifrado clinicamente. A partir da popularmente chamada *Era Prozac* (no final da década de 1970 e nas décadas de 1980 e 1990), com uma nova geração de antidepressivos que prometia ação direta sobre os neurotransmissores, a depressão, embora classificada nos manuais psiquiátricos como transtorno de humor, é encontrada na literatura específica da própria psiquiatria[7] como uma síndrome específica, comparada ao diabetes e à hipertensão arterial (esse aspecto será

---

7 A esse respeito, consultar a *Revista Brasileira de Psiquiatria*, especificamente o

retomado no próximo capítulo). Por ora, cabe destacar que o tratamento da depressão se concentrou principalmente em torno da medicação, e a associação às terapias pela palavra, que é o ponto que interessa aprofundar neste momento, altera-se significativamente.

Nos dias de hoje, o psicanalista se depara com um número cada vez maior de pacientes *medicados*, e esse fenômeno advém de dois movimentos bastante curiosos. De um lado, os psiquiatras que desejam retirar a medicação antidepressiva de alguns pacientes os encaminham para o psicanalista, por acreditarem que o estado depressivo no qual o sujeito se vê aprisionado refere-se a questões subjetivas que mereceriam ser analisadas. Esses casos da clínica psiquiátrica refletem a dificuldade que os psiquiatras certamente encontram de escapar – submetidos que estão tanto médicos quanto pacientes – à lógica da medicação. De outro, são os próprios psicanalistas que encaminham seus pacientes para que sejam medicados, a partir das dificuldades encontradas em suas clínicas quando da exacerbação do estado depressivo do seu paciente.

É importante frisar que a articulação, já mencionada, ainda que conflitante entre as diferentes práticas, sempre foi possível, mas atualmente o recurso à medicação é usado de maneira muito mais disseminada do que aqueles poucos casos nos quais o psicanalista se via obrigado a tolerar e até a indicar o tratamento medicamentoso. Além disso, a medicação antidepressiva também é prescrita pelos médicos clínicos, cardiologistas e neurologistas, acentuando cada vez mais a tendência de que o paciente possa estar em análise e, ao mesmo tempo, ser medicado para *curar ou amenizar* a depressão.

Especificamente a psicanálise, graças à sua compreensão profunda acerca dos mecanismos dos sintomas, que eventualmente

---

artigo intitulado "Psicofarmacologia de antidepressivos", escrito por Ricardo A. Moreno, Doris H. Moreno e Márcia B. M. Soares.

pode levar o paciente à intensificação de sua depressão, está diante de um dilema importante. Na verdade, é preciso dizer que a resistência à medicação dos pacientes não é uma *bandeira ingênua* que o psicanalista vá carregar. Mas há uma persistência do método, pela observância de seus princípios, da qual o psicanalista não pode abrir mão, sob pena de comprometer inclusive a sistematização rigorosa da clínica, que é tão fundamental levando em conta o que vem sendo exposto até aqui. Freud (1916-1917/1974), na conferência anteriormente mencionada, ao se interrogar sobre o fato de a análise ser ou não rejeitada nos casos para os quais ela pode não ter eficiência técnica, diz:

> *Estariam os senhores dispostos a afirmar, por isso, que uma análise de tais casos deve ser rejeitada porque é infrutífera? Penso que não. Temos o direito, ou melhor, a obrigação, de efetuar nossa pesquisa sem considerar qualquer efeito benéfico imediato. No fim – não sabemos dizer onde nem quando – cada pequena parcela de conhecimento transformar-se-á em poder, e também em poder terapêutico. (Freud, 1916-1917/1974, p. 302)*

Essas ideias, do nosso ponto de vista, refletem o compromisso ético do qual a psicanálise não pode fugir, sobretudo porque seu método clínico é também seu método de investigação.

Freud prossegue afirmando que, ainda que a psicanálise se mostrasse tão ineficaz em qualquer outra forma de doença nervosa e psíquica, como se mostra nos delírios,[8] estaria plenamente justificada como insubstituível instrumento de investigação científica.

---

8 É importante frisar que a clínica psicanalítica das afecções psicóticas na contemporaneidade tem buscado, com bons resultados, a superação das ideias do próprio Freud acerca dos limites de sua eficácia, justamente sustentada pela mesma tenacidade e persistência que ele recomenda nesse texto.

Não deixando de colocar em questão o exercício da clínica nesses casos, conclui dizendo que existem extensos grupos de distúrbios nervosos nos quais o conhecimento advindo da clínica transforma-se em poder terapêutico e que o êxito da clínica se coloca como amplamente verificável.

As variáveis contingentes, com as quais Freud tinha que lutar no campo científico em 1917, justificam sua tenacidade em defender a psicanálise diante da psiquiatria. Contudo, é interessante observar que, superando os falsos embates, cabe aos psicanalistas a defesa de seu método, não só pela tolerância das agruras da clínica, do difícil embate com o discurso repetitivo e tedioso (característico principalmente do sujeito deprimido), mas por ele possibilitar ao sujeito a desalienação subjetiva.

Pela observância dos princípios do método defendido por Freud, será possível alcançar a produção rigorosa e sistemática de conhecimentos, que se coloquem verdadeiramente como contrapontos à ideologia.

A "naturalização" da depressão e suas repercussões clínicas

Se a depressão não pode ser considerada *natural*, é possível dizer que os estados depressivos são universais? Menezes (2002) sugere que a depressão faz parte do vivido humano e que as reações depressivas se colocam também como reações ou respostas a acontecimentos atuais. Porém, o que significa dizer que a depressão é uma característica universal do sujeito?

Ferreira (1999) caracteriza universal como algo que pode se referir a uma característica comum a todos os seres humanos ou a um grupo dado; a um complexo de coisas singulares, que constitui um ser coletivo totalmente distinto dos seus elementos componentes. Nessa medida, universal pode remeter a características biológicas (por exemplo: o ser humano é um animal mamífero), que se referem a aspectos da *natureza humana*, como pode também estar relacionado a aspectos da coletividade, ou seja, aos traços culturais do ser humano, compreendidos como universais *em dado grupo, em certas circunstâncias, em dado momento*...

É imperativo questionar os princípios que regem a universalização de certo conceito, pois certamente não é possível concluir que afirmações como "o ser humano é um animal mamífero" e "o ser humano se constitui sujeito a partir de suas formações depressivas estruturais" remetem ao mesmo significado do termo universal. As características psíquicas do sujeito não estão circunscritas *a priori*; pelo contrário, só se estruturam e, ao mesmo tempo, se modificam pela inserção do sujeito na cultura, no mundo das representações e das relações de objeto. A capacidade de construir uma vida psíquica não se reduz às medidas de uma substância química cerebral que por excesso ou déficit resultariam sempre nas mesmas reações de qualquer sujeito.

Já se mencionou anteriormente que a psiquiatria (DSM-IV) classifica as depressões a partir de dois grandes eixos: as depressões maiores (ou endógenas) e as distimias (ou depressões reativas), que, psicanaliticamente falando, poderiam distinguir as formações depressivas estruturais dos traços depressivos. Em ambos os casos, estariam presentes as dificuldades em discriminar a presença e a articulação dos fatores biológicos, psíquicos daqueles advindos das condições objetivas da existência do homem, o que permite concluir que a *naturalização* da depressão, como consequência de uma generalização redutora, fomenta a disseminação difusa do conceito, atendendo também a fins ideológicos.

A *naturalização* da depressão é marcada por um determinismo simples, conforme nomeia Menezes (2002), que se sustenta nas descobertas das neurociências e da psicofarmacologia. E ainda que se possa falar, como o autor, em uma *depressividade* inerente à vida psíquica, o que permite ao sujeito manter uma pressão para a busca de satisfações na vida, que caracterizam e dão sentido à vida humana, a depressão não deixa de ser a expressão de dificuldades internas da vida psíquica, uma perturbação gerada no entrecruzamento das disposições do sujeito e das condições atuais de vida.

Se o funcionamento psíquico em todos os casos apresenta uma base de sustentação bioquímica que lhe é correspondente e se, fundamentado nessa premissa, os avanços científicos permitem a utilização das terapêuticas medicamentosas nos tratamentos das afecções mentais, não se pode deixar de considerar que as experiências psíquicas são também pessoais, singulares e intransferíveis. Contudo, a depressão, compreendida como *natural* ou *estrutural* e, ao mesmo tempo, como adoecimento gerado por múltiplas causas que, no final das contas, levariam à exacerbação e ao adoecimento do sujeito, revela a ideologia que sustenta o mercado das indústrias farmacêuticas e se vale da disseminação da doença para poder vender a cura.

Não estão sendo questionadas aqui a necessidade e a importância da terapêutica medicamentosa, mas o que se buscará a seguir é desvelar e compreender a lógica subjacente ao conceito da depressão, que acaba por cooptar aquilo que, como *depressividade*, estaria a serviço dos apelos da pulsão, da mudança, da busca, transformando-o em uma doença incurável, a ser tratada. De um lado, a *naturalização* da depressão pode ser compreendida a partir das explicações organicistas e das noções da biologia e, de outro, pela compreensão de traços psíquicos estruturais, que não deixam de circunscrever a depressão como uma doença do sujeito, gerada pelo sujeito.

Embora, até aqui, venha se defendendo que a apreensão psicanalítica acerca da depressão, bem como suas indicações clínicas, difere e até diverge das concepções defendidas pela psiquiatria, é possível sugerir que, do ponto de vista ideológico, se instaura uma complementaridade entre esses dois níveis de discurso, na medida em que se deixe de considerar, em um caso e no outro, as condições objetivas de existência que não só provocam, mas fomentam o adoecimento do sujeito. Valendo-se de diferentes níveis de conhecimento, defende-se a ideia de que a depressão, tanto do ponto de vista orgânico quanto das condições estruturais do psiquismo, seria inerente ao sujeito.

Mesmo que a depressão não seja um fenômeno moderno, sendo possível encontrar desde Hipócrates (século V a.C.) considerações sobre os estados depressivos e suas curas, é preciso considerar que a disseminação da depressão é uma consequência da modernidade, não apenas pelo agravamento das condições da existência do homem civilizado, mas, sobretudo, pelo aprimoramento e pela intensificação dos mecanismos de controle social e econômico, que buscam cooptá-lo naquilo que possui de essencial. Se, como bem afirma Menezes (2002), a *depressividade* é uma característica psíquica fundamental ao sujeito e à viabilização dos seus desejos, a depressão o transforma em um ser apático e ensimesmado em torno de seus sofrimentos.

A seguir, na segunda parte, será possível acompanhar o modo de estruturação de uma *lógica da depressão*, que compõe um ideário sobre *os sujeitos inevitavelmente deprimidos da modernidade e suas saídas medicamentosas.*

Parte II
A IDEOLOGIA DA DEPRESSÃO

4. Como investigar a ideologia da depressão

Indagações e questionamentos acerca da pesquisa

O interesse por determinado tema não necessariamente torna possível a elaboração de um método de investigação aceitável, pelo menos no que se refere à possibilidade de realizar um trabalho sistemático que conduza a conclusões teóricas consequentes, sobretudo nas ciências humanas. No caso deste livro, essa foi uma questão espinhosa a ser enfrentada. Como transformar o interesse sobre a disseminação notória do conceito de depressão, em um estudo que chegasse a formulações consistentes? Justamente, em relação à depressão, pela utilização ideológica, indiscriminada e também vulgar que se faz da palavra, como era possível escapar de uma elaboração parcial e tendenciosa?

A identificação, na clínica e fora dela, de que as pessoas passavam a ser explicadas e a se explicar sob a óptica *simplista* da depressão não era em si mesma um fator que possibilitasse a passagem de um interesse geral sobre o tema para o empreendimento de uma pesquisa sistemática. Ressalte-se que essa aproximação inicialmente mais difusa do tema só pôde ganhar contornos que sustentassem uma proposta de trabalho sistemático durante a realização de um levantamento de dados em um ambulatório de saúde mental, para fins da elaboração de dissertação de mestrado.[1]

Naquela ocasião, consultando prontuários psiquiátricos com o objetivo de organizar o material de modo a identificar o contingente de pacientes atendidos pelo serviço de psiquiatria, certo tipo de informação se destacava, justamente pela maneira como esses documentos eram preenchidos. Apesar de se apresentarem estruturalmente mais completos e possibilitarem aos médicos a utilização de campos nos quais informações mais detalhadas poderiam ser fornecidas, em geral, anotava-se apenas a data da consulta, o código da CID-10 referente ao diagnóstico e o nome comercial ou marca da medicação prescrita (ainda não era exigida pelo Ministério da Saúde no Brasil a indicação dos remédios pelas substâncias ativas).

O que chamava a atenção, não mais de maneira difusa, mas como um dado que mereceria ser investigado, era a predominância da medicação antidepressiva, que aparecia nos prontuários de um número significativo de pacientes, substituindo remédios bastante diferentes em suas finalidades terapêuticas ou a eles associada.

Embora esses dados não tenham sido quantificados, uma vez que o objeto daquela pesquisa era outro, não deixaram de ser considerados como um possível ponto de partida para uma aproximação mais sistemática da questão a ser circunscrita, a saber, quais eram as principais razões que levavam à prescrição da medicação antidepressiva em casos de natureza e características tão diversas.

Especificamente no que se refere à depressão, essa questão condensa tantos e inúmeros fatores e se mostra extremamente

---

[1] A autora deste livro concluiu sua dissertação de mestrado, intitulada *O progresso da psicanálise: os limites da clínica*, em 1997, no Programa de Psicologia Social da PUC-SP, sob a orientação do prof. dr. Odair Sass.

complexa, pois é possível apreendê-la a partir de diferentes ópticas, que vão desde as explicações que as neurociências podem oferecer, passando pelas classificações da psiquiatria e pelas contribuições da psicanálise, até os fatores sociais e econômicos determinantes, do que vem se chamando de *lógica da depressão*. Do interesse pelo tema da depressão, doença difundida como o mal do século XX, à proposição de um estudo sistemático, foram necessárias algumas delimitações extremamente difíceis de serem, primeiramente, identificadas e, depois, executadas.

As informações encontradas informalmente nesses prontuários poderiam levar a uma investigação acerca da depressão e sua clínica, porém o interesse sobre o tema recaiu, desde o início, sobre as condições que determinavam a utilização indiscriminada da medicação antidepressiva como medida terapêutica em casos clínicos diversos. Na medida em que, no caso das ciências humanas, o processo de investigação não se dá simplesmente pela averiguação, ordenamento e classificação dos fatos, trata-se, sobretudo, de interpretá-los.

A principal questão dizia respeito aos fatores que determinavam o aumento da incidência da depressão e do consequente uso da medicação antidepressiva, sendo oportuno explicitar que dessa pergunta já podia se depreender a proposição de que a ideologia seria um dos mais importantes deles. Conforme se poderá acompanhar a seguir, os desdobramentos que essa questão apresenta não revelam soluções fáceis, uma vez que a investigação não poderia ficar circunscrita aos dados clínicos hipoteticamente compreendidos como decorrentes dos fatores que se buscaria investigar, a saber, as condições objetivas e a ideologia dominante.

Justamente por se considerarem a ideologia subjacente e a dificuldade de destacá-la das manifestações que poderiam ser dela decorrentes, algumas reflexões foram fundamentais para a delimitação do método. Sua retomada aqui tem o objetivo de introduzir os elementos que foram julgados importantes ao processo de definição da pesquisa. Inicialmente, pensou-se em proceder a um amplo levantamento teórico que permitisse acompanhar tanto o desenvolvimento conceitual quanto a evolução histórica, para compreender como a depressão foi adquirindo as atuais significações para a psiquiatria, a psicanálise e a clínica das doenças mentais de um modo geral. O passo seguinte deveria ser a estruturação de uma pesquisa empírica que recolhesse dados e os organizasse com o objetivo de demonstrar a alta incidência da depressão tanto na clínica psiquiátrica quanto na psicanalítica.

Diante do que vem sendo exposto, essa pretensão foi, obviamente, abandonada, pois é possível questionar que o esgotamento descritivo acerca dos aspectos clínicos da depressão, bem como de um acompanhamento exaustivo da evolução do conceito, não levaria a atingir os objetivos principais, quais sejam: a elaboração de um estudo que permitisse detectar a utilização ideológica presente na disseminação do conceito em sua articulação com os fenômenos encontrados na clínica.

Corre-se, certamente, o risco de examinar a questão não só dentro de sua própria lógica, mas, sobretudo, não seria possível à análise detectar e sistematizar o que é central para o presente estudo: a disseminação insidiosa que se dá de maneira muito mais generalizada, da qual a clínica pode ser apenas um dos seus muitos reflexos. Em outras palavras, a crítica imanente do objeto é necessária, mas não suficiente e, nesse sentido, não se empreendeu, como foi possível acompanhar até aqui, uma investigação ampla sobre o que é depressão, mas, ao contrário, objetivou-se um levantamento teórico (que não foi menos trabalhoso) que possibilitasse compreender a disseminação do conceito de modo tão significativamente generalizado.

Contudo, qual deveria ser o eixo de investigação adotado? Uma vez que se procurou demonstrar até aqui a complexa teia de determinações que alimentam a ideologia da depressão, seria ingênuo supor que aqueles dados acidentalmente identificados nos prontuários psiquiátricos poderiam corroborar ou revelar todos os aspectos envolvidos. Na verdade, a constatação informal de que a medicação antidepressiva era predominante entre as opções terapêuticas poderia conduzir ao equívoco de se estruturar uma investigação direta da clínica, seja da psiquiátrica, pela *ênfase* na medicação, seja da psicoterapêutica, por sua eficácia tradicionalmente questionável. A pesquisa teórica foi fundamental, conforme se acompanhará também na análise, voltada para desvelar os fatores que se referem mais propriamente à necessidade de desconstruir uma lógica que se sustenta (se alimenta) pelo desenvolvimento das neurociências, dos avanços da psicofarmacologia, da evolução da ciência psiquiátrica e das dificuldades encontradas nas opções de tratamento das afecções mentais, entre elas as psicoterapias e, mais especificamente, a psicanálise.

Em outras palavras, os dados encontrados nos prontuários antes mencionados ou o *suposto* aumento da incidência da depressão nas clínicas psiquiátrica e psicanalítica demonstrariam apenas aquilo que já se podia identificar informalmente, ou seja, a disseminação da depressão. Todavia, não seria possível responder se o que ocorre contemporaneamente é a exacerbação da depressão como uma *doença ou mal-estar* dos sujeitos civilizados ou a utilização de uma lógica que tende a compreender as reações subjetivas de infelicidade como *doença do sujeito*, e não mais como reflexos advindos da maneira pela qual a sociedade se estrutura. Sem dúvida, deveria ser possível e desejável, a partir do levantamento meticuloso dos dados, estabelecer de maneira formal e objetiva a proporção e a dimensão tanto da incidência da depressão quanto da manipulação ideológica. Porém, esses dados não seriam capazes de revelar por si mesmos todos os elementos presentes na complexa trama ideológica presente e determinante da clínica da depressão.

Uma vez que se questiona o aumento dos quadros depressivos, buscando compreender e discriminar a depressão como fenômeno verificável na clínica, da utilização indiscriminada que se faz dessa noção, o exame dos prontuários deveria obrigatoriamente conduzir a uma segunda etapa de investigação rigorosa dos critérios utilizados na elaboração dos diagnósticos. Nem é preciso dizer que os prontuários não dispunham dos dados necessários, e, mesmo que os psiquiatras fossem identificados e entrevistados, a pesquisa encontraria dificuldades metodológicas importantes, pois teria que contar com a apropriação subjetiva dos psiquiatras acerca da depressão.[2]

Além disso, como seria possível colocar em questão os diagnósticos? A partir de quais critérios? Se nos manuais de psiquiatria é possível encontrar uma lista de sintomas (ou reações psíquicas) que vão, por exemplo, desde tristeza até apatia ou irritação, cuja persistência no sujeito por mais de duas semanas já permitiria o diagnóstico, por que supor que a clínica, situação que possibilita a verificação de uma gama mais abrangente do estado geral do paciente, deveria ser questionada? E, se a ciência psicofarmacológica colocou à disposição dos médicos um arsenal medicamentoso sofisticado que promete a remoção dos sintomas, por que os psiquiatras não o utilizariam? Esse caminho de investigação só seria frutífero se permitisse uma passagem fundamental dos movimentos e decisões individuais para a compreensão de variantes e invariantes que transcendem e determinam previamente as práticas médicas, desvendando, na verdade, as condições objetivas determinantes. Caso contrário, o debate não deixaria de se situar em um plano parcial e ingênuo que confunde fatos decorrentes, erroneamente tomados como causais ou desencadeantes. Obviamente, é

---

2 Limite também encontrado por Moscovici (1978), quando buscava delimitar como os psicanalistas representavam a psicanálise.

possível partir do exame sistemático das práticas psiquiátricas para investigar e elucidar a lógica que a sustenta, mas a complexidade de um estudo como esse obrigaria a um trabalho de difícil execução no âmbito mais restrito no qual teses como esta são conduzidas.

A psiquiatria necessita da classificação das enfermidades mentais, pois classificar os tipos psicológicos (Adorno, 1965/1968) facilita o diagnóstico e o prognóstico. Os compêndios de psiquiatria do início do século XX já pretendiam alcançar uma classificação que permitisse aos psiquiatras uma maior objetividade em sua prática clínica.

Na verdade, não se trata de abrir mão da classificação, mas de questionar em que condições ela é elaborada e a que fins atende. Como bem assinala Adorno (1965/1968), o enfoque tipológico não necessitaria ter apenas o caráter estático-biológico, mas, ao contrário, deveria ter o caráter dinâmico e social. Buscar o aprimoramento e a crítica dessas classificações é fundamental, pois não é possível negar que se vive em um mundo totalmente *tipificado* (Adorno, 1965/1968). Sem dúvida alguma, trata-se de um importante objeto para uma tese.

Do mesmo modo, não menos complexa seria a tentativa de investigar a clínica psicanalítica, seja a partir da concepção dos psicanalistas, seja a partir do estudo de casos clínicos. Poderiam ser elaborados questionários e/ou realizadas entrevistas, cujo objetivo seria identificar a maneira como a depressão se apresenta na clínica psicanalítica, identificada ou não no discurso dos pacientes como uma categoria geral de explicação de suas mazelas. Caberia, outrossim, a proposição de se estudarem casos clínicos criteriosamente selecionados.

Mas como seria possível superar a dificuldade em estabelecer pressupostos e/ou critérios plausíveis diante da diversidade de abordagens e concepções encontradas no âmbito da clínica da psicanálise? Tanto quanto no caso dos psiquiatras, como trabalhar com a apropriação subjetiva e os critérios individuais dos psicanalistas?[3] Como seria possível isolar a depressão das inúmeras possibilidades que os sujeitos encontram para definir de modo singular o seu mal-estar, além das diferenças estruturais que cada um deles apresenta? A sistematização da clínica é um desafio que não deve ser evitado, ao contrário, deve ser incentivado. Tanto é assim que, durante o processo de tomada de decisão acerca das opções metodológicas mais adequadas, foi realizado o pré-teste de uma entrevista com um sujeito acerca dos episódios de depressão pelos quais passara.

Uma primeira análise mostrou claramente que a superação dos entraves metodológicos, que permitisse extrair conclusões consistentes e consequentes do material, também não poderia ser alcançada nos limites da execução deste estudo. A psicanálise, como é de conhecimento geral, reúne três condições: a prática clínica e seus procedimentos, o método de investigação e a sistematização teórica. O empenho e a tenacidade de Freud ao se dedicar à pesquisa está presente em toda a sua obra. Entretanto, a maneira pela qual o psicanalista utiliza seu conhecimento para interpretar, seja particularmente seu paciente, seja para introduzir novas contribuições no bojo da teoria, é muito diversa da aplicação que os cientistas naturais, por exemplo, fazem do arsenal teórico de que dispõem para continuar investigando.

A pesquisa em psicanálise só é possível tomando por princípio a já destacada formulação freudiana de que apenas paulatinamente e na medida da capacidade de tolerar o caminho tortuoso e lento da análise, central em seu método de investigação, é que se chega ao conhecimento e se atinge o *poder terapêutico* (Freud, 1916-1917/1974). Lembrando, ainda, que Freud preferia não

---

3   Ver a nota de rodapé anterior.

sistematizar e relatar casos de pacientes que ainda estivessem sendo atendidos por ele, cabe repetir que à investigação psicanalítica da clínica da depressão se coloca, do mesmo modo, um embate a ser travado. Porém, sem uma profunda e consistente discussão metodológica que inclua a retomada dos principais conceitos teóricos, não é possível superar os entraves geralmente encontrados nesse campo de investigação.

Enfim, essas considerações, além de enunciar os dilemas encontrados na realização deste trabalho, visam, sobretudo, a apontar caminhos que mereceriam ser percorridos em outros projetos de investigação, cujas características tornassem esses eixos mais plausíveis.

Métodos de investigação

Além do exame das questões apresentado acima – e, sobretudo, a partir dele –, a escolha do método de pesquisa demandou também uma maior fundamentação do ponto de vista da teoria do método. Cabe situar que foi dada prioridade às contribuições de Adorno sobre métodos de investigação utilizados nas ciências humanas, que permitiram a reflexão e a identificação do método adotado na presente pesquisa. No ensaio "Experiências científicas nos Estados Unidos", Adorno (1968/1995) assinala uma importante distinção entre a investigação social crítica e a *administrative research*, no que diz respeito à palavra método, entendida em seu sentido europeu de crítica do conhecimento mais do que no estadunidense, segundo o qual *methodology* significa mais ou menos técnicas práticas de investigação.

Adorno foi para os Estados Unidos em 1938, atendendo a um chamado de Max Horkheimer para colaborar num projeto radiofônico, que desenvolveria um estudo sobre *jazz*. Sua opção metodológica inicial foi a de estudar as reações dos ouvintes, por meio de entrevistas informais e assistemáticas, e não, como lhe foi inicialmente solicitado, as reações estatisticamente mensuráveis dos ouvintes. Contudo, Adorno vai gradualmente enriquecendo sua análise e questionando sua opção metodológica ao observar que é plausível, a partir dos dados extraídos dos sujeitos, alcançar a objetividade social da mesma maneira que quando se parte desta. De outro lado, o autor considera que está muito longe de ter demonstrado um progresso efetivo desde as opiniões e os modos de reação das pessoas individuais até a estrutura da sociedade e a essência do social. Desse modo, o caminho que se insinua, não com menor grau de dificuldade, é a investigação da comunicação, dos estímulos que a cultura produz e que se transformam de maneira eficaz em instrumentos de manipulação. Diz ele: "Oponho-me a constatar reações, a medi-las, sem colocá-las em relação com os estímulos, isto é, com a objetividade frente à qual reagem os consumidores da indústria cultural" (1968/1995, p. 144).

Libertando-se de uma *ingênua credulidade cultural*, Adorno dedica-se a encontrar meios de ver a cultura desde o lado de fora, pois compreende que há uma diferença considerável entre portar as ideias da cultura dentro de si e refletir sobre elas. Na verdade, a indiscriminada utilização do conhecimento científico para fins da ideologia não resulta necessariamente da articulação intencional e *perversa* de determinado grupo ou classe social. A assimilação do ideário cultural é sutil e permanente, de tal forma que os sujeitos se estruturam a partir de aspectos que lhes são transcendentes, vividos na maioria das vezes como resultantes de seu processo de individuação.

Entretanto, concluindo que o processo de humanização e de formação cultural não se desenvolve sempre e necessariamente de dentro para fora, Adorno ressalta que o homem não se torna livre à medida que realiza a si mesmo como indivíduo; ao contrário, apenas quando se coloca gradativamente para fora de si mesmo, vai ao encontro dos demais e a eles se entrega. Adorno finaliza dizendo que as experiências a ele proporcionadas levaram-no finalmente a entrar em contato com o *peso da empiria* e, sobretudo, com os meios de utilizá-la para além da elaboração de meras *reproduções fotográficas*, inevitavelmente circulares e dificilmente críticas a ponto de desvelar os elementos subjacentes à ordem instaurada.

As considerações de Adorno foram fundamentais para as decisões tomadas ao longo da elaboração da pesquisa, cabendo ressaltar que o desenvolvimento das teorias da depressão não escapou das influências da ideologia, sobretudo quando são circunscritas ao âmbito individual e não consideram os aspectos transcendentes que podem denunciar as determinações ideológicas.

Um bom exemplo disso é mencionado por Menezes (2002), ao ressaltar que, na década de 1990, tornou-se mais frequente os psicanalistas indicarem psiquiatras a pacientes que antes não requereriam essa indicação. Sua hipótese é que os psicanalistas também foram sensíveis à forte publicidade feita em torno da depressão e dos antidepressivos.

Na verdade, quando aqui se defende a importância de discriminar o fenômeno clínico da depressão da disseminação ideológica e abrangente que se faz dessa noção, é preciso destacar que esse argumento também se sustenta na constatação de que há uma lógica instalada em torno do processo de divulgação e venda da medicação antidepressiva.

Assim como observava Adorno (1975),[4] trata-se de analisar os estímulos e seus conteúdos em vez da maneira singular como

---

4 Diante da dificuldade de analisar as reações mais inconscientes dos sujeitos, submetidos à veiculação diária das colunas de horóscopo, Adorno (1975) opta por analisar os estímulos e deles extrair a lógica subjacente. Restringindo o estudo ao âmbito qualitativo, Adorno buscava compreender as intenções das publicações astrológicas, sobretudo no que poderiam revelar das reações subjetivas previstas, manifestas ou profundas, do leitor e do autor.

cada indivíduo apreende os sentidos. O método sugerido por ele é a análise do conteúdo dos estímulos, como via de acesso ao estudo das mentalidades dos grupos mais amplos.

É importante localizar que Adorno vai se valer das noções da psicanálise, com o objetivo de lançar luz sobre a compreensão dos aspectos psíquicos subjacentes, pois, segundo ele, é notório que na atual comunicação de massas se fomenta a ideia de que é preciso levar em conta os gostos e as características do público para moldar e definir o material de modo a atingir os propósitos desejados pelos responsáveis pela produção. O autor acredita que essa é uma visão dogmática, pois não se trata de extrair da análise de estímulos nem as características do leitor, nem as intenções diretas do comunicador, e sim poder decifrar a lógica a que ambos estão submetidos.

A retomada do objeto: a disseminação insidiosa

Considerando o levantamento teórico realizado até aqui e a necessidade da explicitação das opções metodológicas apresentadas para fins da investigação pretendida, cabe circunscrever novamente o objeto do presente trabalho. A depressão se converteu em uma categoria explicativa do mal-estar do homem contemporâneo. A manipulação ideológica a ser verificada diz respeito à maneira pela qual a sociedade busca *naturalizar* fenômenos que se instalam também em decorrência das exigências e contingências sociais, que permaneceriam assim justificadas e cristalizadas.

Duas vertentes abrem-se para fins de investigação e análise. A primeira diz respeito à necessidade de distinção entre a depressão e a ideologia da depressão. Constroem-se explicações acerca das condições que levam o ser humano ao adoecimento e ao sofrimento psíquico, a partir de fenômenos que são *clinicamente* verificáveis e, mesmo sendo inquestionável a importância da investigação científica a respeito das afecções mentais e a possibilidade de compreensão e identificação de terapêuticas eficazes, é preciso atentar para que fins têm sido dispostos esses conhecimentos. Como se procurou demonstrar até aqui, o conhecimento científico produzido dá prioridade explicativa ao eixo biológico, orgânico. Na medida em que a depressão é o nome do mal-estar e a doença descrita e isolada cientificamente, o ser humano subsume ao seu mal-estar, impedido (pela generalização excessiva) de se apropriar subjetivamente de sua condição, do dilema produzido pela relação conflitante que estabelece consigo mesmo e com o mundo.

Na verdade, se a depressão pode ser considerada, por um lado, uma síndrome ou um estado, passível de verificação na clínica e que demanda tratamento, não se pode deixar de interrogar sobre os fatores sociais e ideológicos presentes e contribuintes para o adoecimento do ser humano contemporâneo. É na dificuldade de se diferençar a depressão do que tem sido denominado aqui de *lógica da depressão* que reside o principal problema a ser investigado, pois é fundamental assinalar que os fenômenos que se apresentam à clínica não deixam de ser resultantes, produtos da ideologia. Por outro lado, é possível destacar a presença da ideologia na disseminação da depressão, que banaliza e captura uma ampla gama de reações do sujeito. As definições de comportamentos, atitudes e emoções subjetivas sob a óptica da depressão ampliam, sobremaneira, a mirada ao ser humano potencialmente depressivo, seja pela sua bioquímica cerebral, seja pelas condições estruturais do seu psiquismo.

A segunda vertente, que de todo modo se desdobra da primeira, diz respeito à verificação de que a indistinção entre depressão e ideologia acaba por sustentar a industrialização e venda da medicação antidepressiva, o que faz da depressão mais um negócio – que necessita ser lucrativo – para as indústrias farmacêuticas. Oferece--se a via medicamentosa como saída das dificuldades encontradas pelo ser humano em seu existir. Uma vez que o mal-estar se origina e se instala por problemas de funcionamento do cérebro, as drogas podem ser utilizadas para garantir uma reorganização e uma melhor adaptação do ser humano em sua inserção social.

Depressão, indústria farmacêutica e publicidade

Objetivos: encontrando o eixo da pesquisa

Considerando que a pesquisa direta da clínica, tanto a psiquiátrica quanto a psicanalítica, mostrou-se inviável ao âmbito de execução e finalidades deste estudo, sobretudo pelas dificuldades de manejar os complexos aspectos subjetivos presentes, incluindo os aspectos éticos, a pesquisa foi direcionada para a seleção e análise de material de divulgação e venda da medicação antidepressiva. Nessa medida, é importante retomar que, na primeira parte, objetivou-se o desvendamento do eixo histórico, social e político, pela possibilidade de analisar a apropriação ideológica da depressão, considerando as bases conceituais que a definem. Da constituição da subjetividade burguesa, da melancolia como traço constitutivo do ser humano civilizado, pretendeu-se esclarecer, principalmente, a utilização, no âmbito social, da depressão como fenômeno que se exacerba também pelo fomento de indivíduos depressivos/deprimidos.

Assim, o objetivo da pesquisa recaiu sobre a análise do material de divulgação da depressão produzido pelos grandes laboratórios farmacêuticos, buscando destacar a maneira pela qual se procura definir e vender a depressão. As estruturas sociais se apropriam e incorporam a dimensão subjetiva, buscando a banalização e a padronização das reações individuais, valendo-se, sobretudo, das ciências médicas (psiquiatria e neurociências), psicológicas e da psicanálise, que não deixam de ser cooptadas pela lógica dominante, na medida em que dispõem das tecnologias, especificamente aquelas que visam à resolução imediata dos entraves individuais que porventura se coloquem como impeditivos dos interesses da coletividade. Em outras palavras, pretendeu-se a decifração dos elementos que estruturam e compõem esses instrumentos, sustentada pelas hipóteses descritas a seguir.

Hipóteses

Pela análise dos *estímulos* desenvolvidos pelas indústrias farmacêuticas para vender seus remédios antidepressivos, foi possível a decifração de importantes elementos que, associados, buscam alcançar os melhores resultados, a saber, a venda continuada da medicação antidepressiva. Desse modo, quando se considera, por um lado, que a depressão é uma reação da subjetividade diante das dificuldades existenciais contemporâneas, colocando-se, nessa perspectiva, como sinalizadora das mazelas do sujeito burguês, e que, por outro, a civilização calcada na dominação e na exploração do ser humano se vê confrontada pelo inevitável e persistente mal-estar, a consolidação da depressão como categoria nosográfica não deixa de ser também um fenômeno originado pela ideologia (uma vez que dela já é resultante), oferecendo explicações e mecanismos de controle das reações individuais que fujam e/ou questionem a lógica totalizante. Assim, é possível supor que:

a) O conceito de depressão se converteu em um meio de manipulação por parte das estruturas dominantes, pois se espera e se aceita que os sujeitos sejam depressivos, se tornem deprimidos, porém em uma medida que os mantenha, ao mesmo tempo, adaptados e produtivos.

b) A tendência que explica a depressão orgânica e fisiologicamente confere à dimensão individual a culpa pelo adoecimento, porém retira do ser humano a possibilidade de se responsabilizar e se apropriar subjetivamente dos movimentos que poderiam levá-lo a alterar esse estado de coisas.

c) A depressão, como doença a ser tratada com remédios específicos, é convertida em *natural*, pela utilização tendenciosa e parcial tanto do ideário da psiquiatria e das neurociências quanto do discurso estrutural – que pode também ser compreendido como determinista – da psicologia e da psicanálise.

d) A indústria farmacêutica, pelo investimento na consolidação de estratégias sofisticadas de venda da medicação antidepressiva, desvela na elaboração dos seus instrumentos aspectos fundamentais, que permitem a identificação do modo como é utilizado o discurso científico na sustentação de um mercado que transforma o sujeito e suas reações em mercadorias.

e) Fundada na racionalidade da dominação, a indústria farmacêutica vale-se da irracionalidade, uma vez que conta com a dissociação da consciência e do pensamento mágico infantil para vender a ideia de que a depressão *natural* pode ser vencida pela alegria garantida pelo uso da medicação antidepressiva.

Procedimento

A escolha da análise de estímulo como método terminou por se impor, na medida em que, desde o início, era possível detectar a existência de um verdadeiro *arsenal*, nada desprezível, composto por uma variada gama de instrumentos de comunicação. Mais do que livros, teses e manuais psiquiátricos, tratava-se de material explicativo sobre a depressão, veiculado para a população em geral pela classe médica, pelos vários tipos de mídia e/ou pelos grandes laboratórios que fabricavam e pretendiam vender seus medicamentos antidepressivos. Eram reportagens publicadas em jornais de circulação diária, em revistas de circulação semanal, artigos, folhetos e livretos elaborados e utilizados pelos grandes centros e escolas de psiquiatria com finalidade de orientação dos pacientes e familiares e, ainda, peças publicitárias utilizadas pelos laboratórios farmacêuticos, como parte da estratégia de venda de seus medicamentos antidepressivos.

O exame meticuloso de todo o material era evidentemente inviável, mas uma importante questão se impunha, sobretudo no que dizia respeito à possibilidade de a análise desse material se constituir como o principal eixo a desvelar a maneira pela qual o conhecimento científico se coloca à disposição da sociedade, explicando tendenciosamente a depressão como uma doença orgânica, devido a distúrbios bioquímicos, que podem ser controlados pela medicação. A necessidade de uma abordagem e divulgação tão maciça acerca da depressão já permitia observar, ainda que informalmente, a tentativa de instalação de uma lógica que se vale da depressão quase como uma *entidade*. Quando o indivíduo, hoje, se define como deprimido ou se explica sob a óptica da depressão, ele o faz considerando os elementos que pode encontrar nos mais variados estímulos que recebe em seu cotidiano, muito antes de ter que se confrontar com qualquer diagnóstico médico.

A escolha do material: a seleção de materiais utilizados para a divulgação incidiu sobre as peças publicitárias elaboradas pela indústria farmacêutica para a estimulação da prescrição de seus medicamentos por parte dos médicos. Essa escolha justifica-se porque esses materiais condensavam de modo bastante evidente os diferentes níveis de discurso utilizados na disseminação da depressão. Conforme se poderá acompanhar na análise, essas sobreposições de discursos permitiram a identificação da indistinção *necessária e oportuna* entre a depressão como conceito e sua utilização ideológica.

O principal critério de seleção foi, portanto, a diversidade de discursos utilizados na elaboração das peças, bem como dos cuidados tomados na apresentação estética do estímulo.

Cabe destacar que não se fixou a quantidade prévia dos materiais a ser analisada e a tomada de novos materiais foi sendo decidida de acordo com três aspectos básicos: a suficiência dos dados, a diversidade das informações encontradas em cada um dos folhetos e a repetição dos mesmos elementos nos novos materiais que viriam a ser manuseados, indicando que os principais aspectos já teriam sido devidamente abordados e analisados.

A análise de conteúdo: embora se deva admitir que as hipóteses anteriormente mencionadas podem ser convertidas em categorias de análise dos materiais selecionados, cabe ressaltar que se adotou como procedimento para a análise de conteúdo, primeiramente, a decifração e a separação dos elementos presentes no material, que foram analisados em separado, para, apenas posteriormente, ser possível a articulação dos aspectos destacados à luz dos objetivos e das hipóteses traçadas. Na verdade, partiu-se do princípio de que a desconstrução da estrutura do material selecionado levaria ao destaque de uma configuração que só se poderia alcançar por este exercício propriamente analítico.

Acompanhar Bardin (1977) em suas considerações sobre a análise de conteúdo elucida os critérios a partir dos quais se concebeu o universo e a estrutura da análise aqui empreendida. A autora afirma que o desejo de rigor e a necessidade de descobrir, de adivinhar, de ir além das aparências, expressam as linhas de força do desenvolvimento das técnicas de análise de conteúdo. A verificação prudente e a interpretação brilhante não devem ser orientações excludentes, sobretudo quando se considera que a análise de conteúdo é um método empírico e, portanto, dependente do tipo de comunicação analisada e do tipo de interpretação adotada. Diz Bardin (1977):

> *a tentativa do analista é dupla: compreender o sentido da comunicação (como se fosse o receptor normal) mas*

também, e principalmente, "desviar" o olhar para uma outra significação, uma outra mensagem entrevista através ou ao lado da mensagem primeira... Não se trata de atravessar significantes para atingir significados, à semelhança da decifração normal, mas atingir através de significantes ou de significados (manipulados), outros "significados" de natureza psicológica, sociológica, política, histórica etc. (p. 41)

Nessa medida, considerando os aspectos teóricos levantados na primeira parte do livro e as consequentes hipóteses elaboradas, objetiva-se, a partir da decifração dos elementos, o desvendamento dos significados subjacentes.

5. A venda da alegria na lógica da depressão

A indústria farmacêutica, de maneira geral, desenvolveu-se significativamente desde a década de 1950 (Birman, 1999; Roudinesco, 2000), sustentada pelo desenvolvimento científico do pós-guerra, que, a bem da verdade, se intensificou também devido à evidente utilização do conhecimento das ciências para atender às necessidades geradas pela Segunda Guerra Mundial. Muitas drogas conhecidas e reconhecidas atualmente como importantes instrumentos colocados à disposição da medicina foram concebidas para atender ou responder a fenômenos criados pela situação de guerra, notadamente as drogas psicotrópicas, desenvolvidas pela psicofarmacologia e colocadas ao alcance da psiquiatria, atendendo a suas necessidades em relação à eficácia das terapêuticas.

Não há como dissociar os avanços obtidos na área da farmacologia – e das neurociências em geral – da estruturação e do desenvolvimento da indústria farmacêutica, que necessitava dos avanços científicos para atender a suas óbvias exigências capitalistas. Certamente, nesse entrecruzamento, fundaram-se e cresceram todas as estratégias de venda e *marketing*, como se poderá acompanhar na análise dos materiais escolhidos. Birman (1999) afirma que é impossível avaliar corretamente a produção industrial e a difusão comercial das drogas nos anos recentes sem pensar no lugar estratégico ocupado pelos avanços científicos da bioquímica e da psicofarmacologia. Segundo ele:

> Por intermédio destas, com efeito, é que a produção de drogas pôde ser retirada do registro do trabalho artesanal para o de trabalho industrial, pela colaboração decisiva da pesquisa biológica no campo das neurociências... A psicofarmacologia forneceu sem dúvida as informações e os instrumentos científicos essenciais para essa grande empreitada. (p. 240)

Nessa medida, é válido supor que a análise dos estímulos produzidos pela indústria farmacêutica poderá ser elucidativa, uma vez que a elaboração e a utilização desses materiais condensam os principais aspectos presentes na relação estabelecida entre o desenvolvimento científico e o fortalecimento do capitalismo. Vale destacar, desde já, que as indústrias farmacêuticas se estruturam sobre uma eficiente estratégia de divulgação e venda dos medicamentos, baseada, sobretudo, na visita de seus representantes diretamente aos consultórios dos médicos, que, em última instância, são os agentes que prescrevem a medicação, principalmente aquela cuja venda está submetida e controlada pelas receitas médicas carimbadas e numeradas pelo Ministério da Saúde, no caso do Brasil.

As peças publicitárias: a ideologia manifesta

Horkheimer e Adorno (1944/1985) ressaltam, com propriedade, que a indústria cultural se fundiu com a publicidade, que é convertida em *elixir da vida*, uma vez que reduz o produto a uma simples promessa. Se originalmente a publicidade tinha a função de orientar o comprador, hoje, *os donos do sistema se entrincheiram nela* (Horkheimer & Adorno, 1944/1985). A publicidade se coloca a serviço da consolidação dos fortes elos que conduzem os consumidores às grandes corporações.

Em relação às indústrias farmacêuticas, o uso da publicidade se intensificou de modo a transformar a saúde e os remédios em produtos a serem consumidos. Com a estruturação dessa indústria e o aumento significativo da concorrência, a pressão do sistema (Horkheimer & Adorno, 1944/1985) obrigou a utilização das técnicas de publicidade, que invadiu o *idioma, o estilo,* nos moldes da indústria cultural. Dizem os autores:

> *O que importa é subjugar o cliente que se imagina como distraído ou relutante. Pela linguagem que fala, ele próprio dá sua contribuição ao caráter publicitário da cultura. Pois, quanto mais completamente a linguagem se absorve na comunicação, quanto mais as palavras se convertem em veículos substanciais do significado em signos destituídos de qualidade, quanto maior a pureza e a transparência com que transmitem o que se quer dizer, mais impenetráveis elas se tornam. (p. 153)*

Na verdade, segundo os autores, o lugar atribuído à publicidade ressalta questões fundamentais. As peças publicitárias (folhetos), selecionadas para fins de análise, são elaboradas fundamentalmente sob o princípio da conversão das palavras em signos destituídos de qualidade. Exatamente como consideram os autores, conceitos como melancolia, história e mesmo vida, que antes podiam ser reconhecidos na palavra que os destacavam e conservavam, são distorcidos pela decisão de separar o texto literal como contingente e a correlação com o objeto como arbitrária. Esses aspectos foram evidenciados na análise a seguir empreendida.

As técnicas de propaganda e *marketing* se desenvolveram obviamente no bojo da lógica capitalista, e seu aprimoramento atende às finalidades da indústria (sobretudo, a indústria cultural). Não seria possível atribuir a utilização de estratégia peculiar à indústria farmacêutica, porém um aspecto deverá ser destacado, a saber, a transformação dos remédios, que deveriam, em tese, ser considerados essenciais ao tratamento das doenças, em produtos divulgados e vendidos dentro da lógica do capital. Nessa medida, o mercado das indústrias farmacêuticas vale-se necessariamente da doença para conquistar seu consumidor. Cabe indagar, portanto, se as estratégias de venda não teriam que estar sustentadas pelo fomento das doenças, conforme se buscou refletir no Capítulo 3.

Na medida em que os principais destinatários das peças analisadas são os médicos, é necessário perguntar quais seriam os objetivos da elaboração de um material que, hipoteticamente, deveria oferecer informações técnico-científicas a profissionais da área médica, apresentado envolto em uma *embalagem com apelos ostensivamente comerciais e chamativos*. Caberia ainda sugerir que a intenção principal é alcançar o público em geral, estimulando o consumo direto, o que aumenta o controle da cadeia de consumo, inclusive pela possibilidade de se prescindir do médico. De todo modo, a análise busca ressaltar os diferentes discursos misturados, que objetivam, entre outras coisas, tornar o material palatável e apreensível também para o leigo.

Os materiais utilizados pelos chamados *propagandistas de laboratório*, embora possam apresentar condições e aspectos questionáveis do ponto de vista dos critérios de qualidade estabelecidos pelos padrões das avançadas técnicas da publicidade moderna (que possui recursos cada vez mais sofisticados), não deixam de refletir preocupação e cuidado com a qualidade gráfica e estética. Além disso, os tipos de papel e manuseio técnico dos elementos que os constroem são invariavelmente caros e, em certa medida, sofisticados. Nesses folhetos ou encartes, além dos cuidados tomados com a informação veiculada e a maneira pela qual ela é transmitida, é possível detectar a utilização de técnicas específicas que orientam a utilização das cores e da tipografia e a distribuição gráfica da informação em cada página.

Em outras palavras, a elaboração das peças é feita por profissionais de propaganda, visando a atingir as finalidades presentes nas estratégias de *marketing* e na venda da medicação antidepressiva. Justamente por isso, é possível verificar a utilização claramente planejada de diversos níveis de discursos, desde *slogans* publicitários até informações técnicas sobre a medicação e as consequências de seu uso. Encontram-se também referências a artigos *científicos* que serviriam para corroborar os dados e/ou as ideias ali veiculadas.

O exame das características gerais do material e a constatação dos cuidados técnicos tomados permitem concordar com a ideia de que a racionalidade técnica hoje é aquela própria da dominação (Horkheimer & Adorno, 1944/1985). O que se pretende, portanto, não é o exame das técnicas utilizadas pela publicidade, e sim a decifração dos elementos dessas peças publicitárias, tendo como princípio que elas refletem e revelam a totalidade.

Na verdade, a escolha desse tipo de material publicitário justifica-se principalmente pelo que revela da estruturação de um discurso ideológico, que se origina do diálogo supostamente necessário entre a indústria e os médicos. Se a comunicação fosse estritamente de cunho científico, sustentada pelas vantagens reais que os medicamentos poderiam oferecer aos pacientes, não haveria necessidade da utilização das técnicas de venda e de publicidade em uma comunicação de caráter pretensamente científico.

A pílula da alegria[1]

O primeiro material analisado (que a partir de agora será denominado de Peça A) é o folheto de divulgação de um antidepressivo, destinado à classe médica e que está reproduzido a seguir. Trata-se de um material produzido com a finalidade exclusiva de atender às necessidades de lançamento de um medicamento nacional, com vistas à inserção no mercado.

Mesmo sendo evidentes os limites técnicos encontrados para que o leitor tivesse acesso ao material analisado, optou-se pela sua inclusão, a fim de permitir um melhor acompanhamento das questões assinaladas na análise.

---

[1] O Conselho de Autorregulamentação Publicitária (Conar) foi consultado a respeito da utilização de peças publicitárias em trabalhos acadêmicos e respondeu, por meio de sua diretoria executiva, que as normas éticas da propaganda comercial, fiscalizadas pelo Conar, condenam a utilização de propriedades intelectuais e marcarias por aqueles que não são seus legítimos titulares. Contudo, tal condenação se dá em contexto de disputa por mercados/batalhas comerciais/publicidade comparativa/difamação de imagem de terceiros etc. Já o discurso acadêmico, a exemplo dos editoriais e noticiosos jornalísticos, deve gozar da mais ampla liberdade de expressão, garantida pelo artigo 5º, inciso IX da Constituição Brasileira ("é livre a expressão da atividade artística, intelectual, científica e de comunicação, independentemente de censura ou licença"). Ainda segundo a diretoria, tendo em vista tratar-se de atividade que beneficia a sociedade em geral, pela evolução do conhecimento científico, tem prevalência sobre a proteção do direito autoral que beneficia o indivíduo. Além disso, cabe a justa ressalva de que não se utilizam em momento algum, para fins da análise, o nome ou a marca de produtos e indústrias, alterados nas reproduções selecionadas para a devida localização do material utilizado.

Peça A[2]

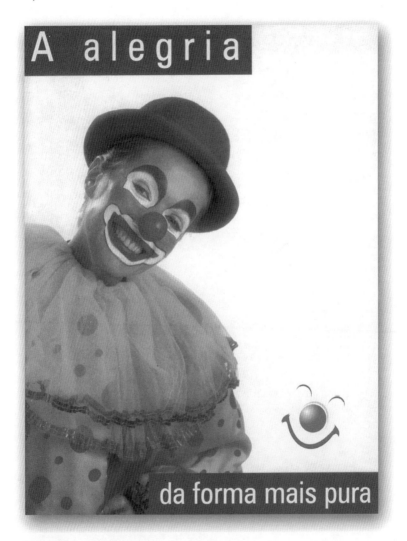

---

[2] Os folhetos analisados foram reproduzidos em preto e branco, restrição que se pretende superar parcialmente pela descrição dos elementos que se relacionam às cores utilizadas.

154 A VENDA DA ALEGRIA NA LÓGICA DA DEPRESSÃO

SERTRALINA

A alegria, da forma mais pura

Um produto que, além das vantagens terapêuticas descritas, proporciona ao Sr. e ao seu paciente uma importante assistência complementar ao tratamento:

Care

Cuidados especiais para uma vida melhor

Care é um serviço destinado ao auxílio de pacientes envolvidos com a depressão.

▲ Orientação e apoio a pacientes.

▲ Publicações com informações básicas relacionadas à doença e seus cuidados.

▲ E ainda, venda direta com **30% de desconto** e entrega a domicílio em todo o território nacional, mediante retenção de receita médica.

A garantia de uma maior e melhor adesão ao tratamento

Apesar de ser uma medicação produzida por uma indústria brasileira, o material de divulgação não difere estruturalmente das demais peças disponíveis para análise – produzidas por multinacionais –, já que todas são bastante parecidas. Contudo, optou-se por iniciar a análise com uma medicação produzida no Brasil, o que não deixa de ser interessante.

O material é elaborado em papel de boa qualidade, apresentando um tratamento gráfico e estético distintos dos que seriam necessários a uma comunicação científica ou técnica, considerando que se trata de divulgação feita à classe médica. Conforme já destacado, um primeiro exame aponta uma preocupação de caráter comercial, sobretudo no que diz respeito à distribuição das cores e à montagem dos elementos visuais que estão dispostos nas diversas páginas. As cores são fortes e chamativas, criando um apelo visual evidente.

Em relação aos conteúdos a serem transmitidos, é possível detectar uma articulação específica das ideias, imagens, palavras e, sobretudo, da quantidade de informação oferecida.

Essa análise procurará, pela possibilidade de discriminar os elementos contidos nas intenções explícitas no material, desvelar as mensagens subjacentes, mais pela lógica que lhe é transcendente do que pelas intenções subliminares dos comunicadores. Em outras palavras, como sugere Adorno (1975), trata-se de desconstruir a peça que serve de estímulo naquilo que ela condensa em suas sobreposições de discursos também advindos e engendrados pela lógica capitalista e totalizante. É desejável ainda considerar a noção freudiana de sobredeterminação, a partir da qual é possível compreender as formações sintomáticas, os sonhos e até mesmo o discurso consciente como resultantes de uma pluralidade de fatores determinantes, remetendo a elementos múltiplos, que podem se organizar em sequências significativas diferentes, cada uma a um certo nível de interpretação, possuindo uma coerência própria (Laplanche & Pontalis, 1983).

O tipo de comunicação escolhido cria um padrão facilmente utilizável em qualquer mídia e em qualquer tipo de propaganda. Já na capa da Peça A estão dispostos os seguintes elementos: um palhaço, a frase/*slogan* ("a alegria da forma mais pura") e o símbolo do rosto do palhaço. São justamente esses elementos que estabelecem o padrão de comunicação, predominantemente imagético, visual, que se constituem em importantes aspectos a serem analisados.

Cabe destacar ainda que o uso da imagem é fundamental, e seu efeito é preponderante em detrimento do conteúdo comunicado. Como se pretende mostrar a seguir, busca-se instituir uma simbologia específica por meio da imagem, que passa a representar o produto a ser vendido, condensando e ao mesmo tempo encobrindo os mais variados elementos, inclusive os que podem servir contraditoriamente à denúncia de sua negatividade. Sustentadas na dimensão visual, naquilo que a imagem pode vir a comunicar com maior impacto, organizam-se as informações que são transmitidas sem maiores restrições, enfraquecidas que estão pelo efeito imagético. Birman (1999) aponta que a alteridade e a subjetividade são modalidades de existência que tendem ao silêncio e ao esvaziamento, uma vez que a sociedade se constrói mediada pelo universo da imagem, "personagem principal, valorizada e inscrita nos roteiros performáticos da pós-modernidade" (p. 188).

Embora a análise revele uma lógica presente na estruturação da comunicação, ela remete também a aspectos transcendentes que merecem consideração por descortinarem com maior amplitude os aspectos ideológicos que não dizem respeito apenas à tentativa de venda desta medicação específica.

O palhaço

Utilizar a imagem do palhaço como parte da estratégia de venda de uma medicação antidepressiva é, sem dúvida alguma, uma decisão intrigante, sobretudo pelo que essa imagem pode vir a representar ou significar. Consultando o *Novo dicionário básico da língua portuguesa*, de Aurélio Buarque de Holanda Ferreira (1999), encontra-se que palhaço pode referir-se a:

> *artista que, em espetáculos circenses ou em outros, se veste de maneira grotesca e faz pilhérias e momices para divertir o público; fantasia de palhaço; em seu sentido figurado, pessoa que por atos ou palavras faz que os outros riam; em seu sentido popular, pessoa que só diz tolices ou faz papel ridículo; ou ainda fantoche e vestido ou feito de palha.*

Curiosamente, pode-se dizer que o folheto começa a vender a ideia de que um sujeito que sofre de depressão, ao tomar a medicação indicada, se transformará num palhaço.

Cabe ressaltar a expressão resgatada por Birman (1999): *sociedade do espetáculo*. Valendo-se das ideias desenvolvidas por Debord (1997), o autor sugere que a ideia de espetáculo se conjuga com as de exibição e teatralidade, pois é mediante o uso de máscaras que as *personas* se inscrevem e desfilam no cenário social, remetendo assim para a noção de exterioridade que exalta o eu e a estética da existência. O palhaço, como personagem de uma peça bufa, esconde e revela atrás da máscara da alegria suas tristezas e mazelas, enfim, seu mal-estar. Pode-se sugerir que se trata de possibilitar ao sujeito parecer-se com algo, tornar-se caricatura de si mesmo. Em nenhum desses sentidos é possível não apreender o palhaço como aquele que ri [de sua desgraça] ou se vale da sua desgraça e da do outro para fazer rir. É tolo, é ridículo, e ao mesmo tempo é desprezível e amável. Por ser uma fantasia, não se refere a um sujeito especificamente, nem a elementos da singularidade. Como um fantoche, um ser oco (de palha), não tem alma ou consciência. Pela subversão das hierarquias entre o verdadeiro e o falso (Birman, 1999), original e cópias, o sujeito transforma-se em pura exterioridade, numa máscara para a exterioridade. Exibir-se rindo não pela alegria experimentada, mas pela exibição de um *ser/parecer* alegre.

A imagem colorida do palhaço (propositadamente uma mulher?) apresenta uma máscara de maquiagem típica, que alarga o sorriso, mas acentua, ao mesmo tempo, a tristeza do olhar, como imagem que, em seu histrionismo, parece rir da própria tristeza, possibilitando o acesso e a tentativa de controle sobre o mundo imaginário e aterrorizante da infância. Certamente, a ambivalência presente na figura do palhaço, triste e alegre, divertido e assustador, homem e mulher, pode denotar que a cura da depressão se refere à possibilidade da construção de uma máscara, que busca, sobretudo, cunhar uma imagem, uma figura, *fake*, para ser mostrada ou consumida, embora acabe revelando de algum modo seus elementos latentes. Justamente nesse sentido, é possível detectar a condensação dos aspectos contraditórios que perdem sua dimensão propriamente conflitiva pela força da imagem do palhaço em sua alegria produzida para o consumo. Ao mesmo tempo, insinua-se não almejar a *cura* ou a *superação* dos estados depressivos. Basta parecer alegre. É uma questão de imagem.

O símbolo

Ao lado do palhaço, o seu símbolo. Se a figura do palhaço apresenta a dimensão da caricatura, de um ser genérico, construído e esvaziado, a *carinha*/símbolo, que destaca a boca, o nariz e o traço do olho, acaba por transformar o bem-estar em algo a ser procurado totalmente fora do sujeito. Do palhaço ao símbolo. Trata-se de imitações caricaturais de características, sensações e emoções subjetivas, que vão sucessiva e gradualmente ganhando força e expressão objetiva. O símbolo é o sorriso cuja conotação é a alegria, ambos transformados em *coisa*.

Mais que a cura da depressão, simboliza a alegria vendida pelo remédio e, finalmente, o próprio remédio, *a pílula da alegria*. Aquilo que o sujeito não consegue encontrar ou resolver a partir de si mesmo, que o atinge e o incomoda, poderá ser alcançado como um objeto de consumo, adquirido, comprado. O remédio vende a alegria e, na construção da imagem que o simboliza, converte-se na própria alegria.

A condensação e a ambivalência presentes na imagem do palhaço dissipam-se no símbolo, quase um *ícone*, que faz convergir para a pílula algo mais eficiente do que oferecer a cura da tristeza. O remédio é a própria alegria. Aos sujeitos, só resta o lugar do palhaço, do esvaziamento do homem feito de palha, cuja alma poderá ser comprada a certo preço no mercado. O símbolo, por um princípio de analogia, representa ou substitui outra coisa, em geral algo abstrato e ausente. Evoca, na imagem do palhaço, o sujeito que não existe mais e, no *ícone* do sorriso, a possibilidade de reposição e substituição de algo do sujeito que se perdeu e que lhe é essencial.

Se a imagem do palhaço não apenas representa, mas substitui o sujeito, o símbolo criado vai passar a representar/substituir o próprio remédio, já convertido simbolicamente na alegria que pode ser adquirida desde fora. Paradoxalmente, o sujeito-fora-de--si, como bem denomina Birman (1999), não se refere mais a um tipo de alienação mental, de loucura, pois, identificando-se com a exterioridade, com a máscara do palhaço que compra e paga pela própria alegria, alcança uma condição de existência capaz de ser exibida e aceita pela cena social. A Peça A foi, assim, construída de modo a organizar as informações que se convertem em explicações a respeito da *pílula da alegria*. Aliás, cabe ressaltar que essa expressão é vulgarmente utilizada (e de maneira generalizada) para *divulgar* as medicações antidepressivas.

A *carinha* do palhaço, a caricatura-símbolo tem a forma arredondada de uma pílula e vai aparecer no folheto necessariamente ao lado do nome da medicação ou diretamente em sua substituição em desenhos e tabelas coloridos. Contudo, é preciso construir e fortalecer a positividade do símbolo. Nessa medida, são usados os elementos negativos, cooptados pela lógica da venda da alegria, subsumidos e anulados na força que poderiam vir a contrapor.

A alegria da forma mais pura

O *slogan* não deixa dúvidas. Vende-se a alegria. Definida no dicionário já citado como prazer moral, felicidade, aquilo que leva ao júbilo, a alegria passa a ser prometida como uma reação da bioquímica cerebral propiciada pelo remédio. Tudo quanto alegra, contenta, jubila, poderá ser obtido por meios externos, não se tratando de uma reação subjetiva que dependeria tanto das condições objetivas quanto dos estados psíquicos ou emocionais do sujeito. Em outras palavras, se o sujeito não existe, apenas sua caricatura, o outro, o mundo e as condições de existência também deixam de ser preponderantes ou determinantes das reações do ser humano diante da vida. Vende-se a alegria, e da forma mais pura. Curiosamente, o elemento infantil novamente se insinua, uma vez que pureza se refere a algo limpo, cristalino, genuíno, quimicamente *natural*, mas também sem manchas, sem máculas, inocente, virginal. É como se o remédio possibilitasse a aquisição de um estado original, no qual o sujeito se vê protegido das impurezas e intervenções da existência, uma vez que puro também significa total, completo, exclusivo e uno.

Em todas as páginas da Peça A, a utilização desse *slogan*, bem como das palavras que o compõem, que vão reaparecer de maneira rearticulada, constrói a apresentação da medicação antidepressiva como a saída total para o mal-estar dos sujeitos deprimidos, pela reposição por meio do remédio dos elementos genuínos que o cérebro deixou de produzir e que coincidem com a própria essência do sujeito. A pureza do sujeito, que alude inclusive ao mito da infância pura, ingênua e assexual, desconstruído pela psicanálise, confunde-se com a pureza química do remédio. Embora, a partir de diversos dados, seja possível depreender que as reações químicas provocadas pela medicação e os consequentes efeitos colaterais são entraves que se buscam ultrapassar a partir de estratégias específicas, segue-se afirmando insistentemente que o remédio oferece a *alegria pura*. Na verdade, esse é justamente o diferencial que se pretende atingir em relação às outras medicações antidepressivas (os produtos concorrentes no mercado), mesmo que para isso seja preciso desvelar, contraditoriamente, as dificuldades encontradas com a utilização desse tipo de remédio.

Completando a moldura da racionalidade

Os três elementos analisados até aqui constituem, na verdade, os pilares de uma estrutura que sustenta a elaboração da Peça A e a maneira como as informações transmitidas são destacadas. O aspecto mais evidente dessa construção diz respeito à mais absoluta ausência de preocupação em encobrir, esconder ou deformar qualquer informação. Não há dissimulação. Os elementos estão claros, presentes, desvelando uma frieza que, como destacara Adorno (1965/1968), transcende os autores da comunicação, uma vez que nem é preciso se valer de uma estratégia de encobrimento ou manipulação dos dados e das informações. O folheto faz parte de uma estratégia de venda de um produto, e a lógica capitalista não é subjacente. É determinante. O que se flagra – o que se deixa flagrar – é a utilização de diferentes discursos submetidos à composição do material com seus objetivos explícitos, o que leva ao mesmo tempo à sua anulação.

Chama atenção a maneira como é possível desvelar, a partir do exame da peça, a presença de questões latentes, apropriadas de uma maneira que garanta sua neutralização. Em outras palavras, com o uso da medicação que devolve o bem-estar ao sujeito, as tensões sociais e os conflitos internos perdem força, persistindo, quem sabe, como traços *residuais*.

Nessa medida, vale a pena destacar alguns outros aspectos que compõem o que se pode chamar de eixo estrutural do material, uma vez que se referem ao caminho adotado para garantir a eficiência da informação que se pretende veicular. A partir da promessa da alegria como resultado da utilização do produto, ainda que seja uma alegria vinda de fora, como a máscara do palhaço, busca-se utilizar alguns outros recursos que completam a *moldura/ estrutura das cenas*, acrescentadas a cada nova página.

O material apresenta imagens de um homem e uma mulher, sempre sorridentes, com aparência saudável, usando roupas de cor azul. O cenário, fundo da moldura que os enquadra, também é azul, suscitando as ideias de lazer, dias ensolarados, mar e céu. Certamente, são pessoas que aparentam ser bem-sucedidas, exibem sorrisos largos e dão a impressão de estar experimentando um enorme bem-estar, acentuado pela escolha da cor azul e iluminação (solar) das fotos, o que apenas sugere um cenário associado ao lazer. Em todas as páginas da Peça A, além da repetição dos elementos simbólicos, as fotos ajudam a vender a alegria, ainda que, indiretamente, as situações de vida relacionadas ao trabalho e ao cumprimento das obrigações e responsabilidades sociais apareçam em consequência implicitamente associadas à depressão. Contudo, também não seria o lazer a propiciar o bem-estar, mas o uso da medicação, que possibilitaria aos sujeitos a capacidade de extrair prazer dos momentos de lazer.

É preciso destacar o que a utilização dessas imagens acaba por engendrar. Implicitamente, apresenta-se a ideia de que as pessoas estão mais felizes em situações de lazer, por meio da analogia encontrada nas cores e na iluminação das fotos. Obviamente, trata-se de dissociar o mal-estar dos sujeitos de uma referência direta às espinhosas questões relativas ao trabalho no mundo moderno e à estruturação da sociedade capitalista, fundada sob a lógica da exploração da força de trabalho do indivíduo. Até porque objetiva-se a venda da medicação/alegria, e não a discussão acerca das condições de existência do ser humano na sociedade capitalista, inevitavelmente ligada à sua possibilidade de inserção no mundo do trabalho.

De modo aparentemente inadvertido, curiosamente, persiste a associação entre trabalho e depressão. Se disso não se pode escapar, a presença de uma saída como a oferecida pelo antidepressivo não deixa de ganhar um valor maior. Seria possível dizer que o homem/palhaço é aquele que trabalha alegre? Para além do jogo de palavras e do tom lúdico que essa pergunta pode conter (o elemento lúdico será discutido adiante), o engendramento referido acima diz respeito a esse modo de articular a informação pretendida, a partir da exposição de todos os elementos, mesmo os mais contraditórios, esvaziando assim a argumentação contrária.

Outro aspecto merece ser destacado do eixo estrutural: a imagem da mulher é predominante nessas fotos. Certamente, esse não é um elemento casual, uma vez que é possível encontrar em diversos catálogos e manuais[3] a informação de que a incidência da depressão é maior entre as mulheres na faixa compreendida entre 35 e 40 anos. Vale lembrar que o palhaço é uma mulher. Esses

---

3 A maioria dos laboratórios que produzem remédios antidepressivos possui, para utilização de suas centrais de atendimento ao cliente, manuais de orientação nos quais se menciona explicitamente o fato de a depressão atingir as mulheres em maior número do que os homens.

elementos sugerem a tentativa de direcionar a medicação para o maior mercado potencial, uma vez que outra questão que a Peça A permite revelar refere-se à inserção da mulher no mundo moderno. Por um lado, vende-se a ideia de uma mulher bem-sucedida e feliz, porém, de outro, é possível afirmar que o alargamento da utilização da mão de obra feminina no mundo do trabalho, em condição de maior exploração, pode estar correlacionado ao aumento da incidência da depressão entre as mulheres.

Repete-se a mesma estratégia, valendo-se dos impasses e contradições de maneira indireta, pois, se a mulher no mundo moderno se encontra mais suscetível ao adoecimento psíquico, a medicação vendida já a apresenta, ao menos aparentemente, feliz, saudável, sobretudo alegre. Diga-se de passagem, felicidade e alegria são palavras que aparecem, já em sua definição, associadas ao sucesso. Feliz e alegre podem inclusive ser palavras sinônimas de bem-sucedido (Ferreira, 1999), expressão que atualmente define a pessoa que alcança ascensão social e sucesso financeiro, remetendo, sem dúvida alguma, a uma condição de exterioridade. A questão, que poderia ser levantada para indagar a respeito das condições objetivas da vida da mulher moderna em suas repercussões sobre o corpo e o funcionamento psíquico, já aparece lançada à própria extemporaneidade.

Desde a imagem do palhaço até o colorido das páginas e o cuidado com a distribuição gráfica dos elementos em cada página, apreende-se a intenção de associar os conceitos alegria, infantil e lúdico. Essas ideias são articuladas de modo a assegurar a eficácia da estratégia. Pode-se dizer que é possível ler o material *brincando*. As informações de natureza e caráter *científicos*, que denunciam diversos fatores a serem considerados e discutidos, são veiculadas sob esse enquadramento, invariavelmente apresentando o dado controverso em simultaneidade à resolução/solução oferecida pela medicação que se busca vender.

O jogo de dominó

De modo geral, a concepção que orienta a venda das *novas* drogas psicotrópicas produzidas vale-se do pressuposto de que os avanços obtidos, em relação às drogas similares produzidas anteriormente, referem-se, sobretudo, à redução dos efeitos colaterais que sua utilização prolongada pode provocar. É preciso dizer que o esforço feito nessa direção revela, ao mesmo tempo, a convicção de que a medicação *pura e leve* seria mais aceita por seus usuários – garantindo o alargamento da faixa de mercado atingida – e a superação das dificuldades encontradas pelos médicos em ajustar a medicação e sua dosagem às reações singulares de seus pacientes. Com a medicação antidepressiva não é diferente. A pesquisa e a consequente evolução das drogas desenvolvidas têm buscado alcançar resultados exatamente nessa direção.

Na Peça A, evidencia-se, justamente pela exacerbação do elemento lúdico, a referência a um entrave de manejo difícil e a consequente oferta de sua solução. Na página que procura demonstrar a baixa incidência e a gravidade dos efeitos colaterais provocados pelo uso da medicação, a distribuição gráfica faz recordar as peças do dominó, em uma tabela que lembra mais um tabuleiro desse jogo lógico-matemático.[4] Ao mesmo tempo, as informações não escondem a possibilidade do aparecimento de efeitos colaterais indesejáveis, que teriam sido minimizados pela *pureza* alcançada com a medicação apresentada. Enfim, todos os cuidados gráficos e as imagens escolhidas buscam conferir leveza e, sobretudo, tornar

---

4 O jogo de dominó pode ser utilizado de maneira lúdica ou como instrumento de aprendizagem na educação formal e informal das crianças. Porém, também é notório o fato de que adultos aposentados frequentemente podem ser vistos jogando dominó em praças públicas, o que acaba por desvelar o processo de *infantilização* ao qual se veem submetidos os sujeitos que não se encontram mais em idade produtiva nas sociedades capitalistas. Contudo, cabe esclarecer que a tabela se assemelha genericamente a qualquer tabuleiro de jogo.

as informações apresentadas elementos banais, não centrais. As informações estão lá, mas sua força é medida, dosada, compensada pelos elementos que buscam associar a medicação à resolução dos sintomas, à saída dos impasses apresentados inclusive pelos dados dispostos no material.

De maneira aparentemente *infantil*, valendo-se do símbolo do palhaço/remédio, menciona-se a possibilidade de o usuário da medicação apresentar reações como: sedação, efeitos anticolinérgicos, hipotensão, efeitos cardíacos, convulsões e ganho de peso. Quando o símbolo do palhaço/remédio aparece, significa, assim informa a legenda, que esses efeitos são desprezíveis (mesmo que para a *ausência* dos efeitos indesejáveis seja utilizado outro sinal).

Em outras palavras, os efeitos colaterais não foram eliminados, são apenas desprezíveis e neutralizados em sua importância pela utilização do símbolo colorido do palhaço/remédio que ajuda a confundir, mais do que a discriminar, se a medicação que se pretende vender provoca ou não tais efeitos colaterais.

Obviamente, uma leitura atenta do material desvela que é nos indesejáveis efeitos colaterais, que levam o usuário a abandonar o consumo desse tipo de medicação, que reside um dos principais entraves a serem superados pelos estrategistas de venda. Não basta vender a medicação, visa-se à venda continuada; para tanto, será necessária a adesão do paciente ao tratamento. Por várias vezes, as frases são construídas de modo a ganhar inicialmente a adesão do médico, sobretudo no que se refere a *ensiná-lo* a alcançar a adesão do próprio paciente.

Busca-se atingir a eficácia da venda continuada, uma vez que o discurso científico fornece os elementos para a compreensão da depressão como uma doença orgânica, um problema médico. Uma vez diagnosticada a depressão, é preciso oferecer condições para que o paciente faça uso prolongado e permanente da medicação, o que certamente garantiria às indústrias farmacêuticas um mercado consumidor constante e crescente. Expressões como melhor adesão à terapia, efeitos leves e suportáveis, tolerabilidade superior e menor risco de abandono do tratamento procuram vender a eficácia da medicação, não deixando de dizer simultaneamente o quanto o ajuste e a utilização do remédio antidepressivo é difícil.

Do mesmo modo, a Peça A informa que com a medicação é possível ajustar as doses às necessidades individuais e apenas menciona efeitos cumulativos, riscos de sobredosagem, o que revela que a dimensão individual se colocaria como resistente e até mesmo impeditiva do alcance da eficácia do tratamento. Há uma tentativa de tratar a depressão de maneira generalizada, bem como de colocar a medicação como saída única e eficaz do transtorno provocado pela *doença*, contudo o material acaba por trair a dimensão do sujeito por meio da atenção e esforços despendidos ao ajuste do remédio.

Assim, cada página introduz, dessa maneira lúdica, exatamente como em um jogo infantil com passos a seguir, as informações polêmicas, controversas, cuidando para que, nessa trama sustentada pelas imagens, ao leitor seja possível aceder diretamente às respostas para as interrogações subjacentes, que nem precisariam se tornar explícitas. À medida que o material é dirigido à classe médica, contém obviamente expressões e termos técnicos, embora isso não se transforme em um impeditivo à leitura e à compreensão superficial do público leigo. Na verdade, a eficácia do material está em transmitir, de maneira aparentemente simples, os conteúdos que poderão conduzir à venda eficaz da medicação.

Ao público médico, em cada página é possível encontrar a indicação de um artigo científico, extraído de revistas científicas reconhecidas,[5] que corroboram/validam as indicações e os dados

---

5 Por exemplo: *Jornal Brasileiro de Psiquiatria, Journal of Clinical Psychiatry, Revista ABCFarma* etc.

organizados nas diversas páginas, de modo a serem remetidos a esse material científico, que possibilitará ao profissional médico a confirmação das ideias defendidas no folheto.

É importante frisar que seria de extrema relevância a realização de pesquisas sistemáticas que desvelem a relação entre as indústrias farmacêuticas, patrocinadoras dessas publicações, e os artigos científicos por elas veiculados. Na verdade, não é prerrogativa da indústria farmacêutica o financiamento de pesquisas que atendam a seus interesses comerciais, contudo é possível constatar com facilidade que os artigos científicos citados são financiados ou patrocinados pela indústria.

A alegria da melhor relação custo-benefício

Os medicamentos antidepressivos, bem como grande parte dos psicotrópicos, representam um custo financeiro significativo ao seu usuário, considerando, sobretudo, que a medicação deverá ser utilizada por um período de tempo prolongado (em geral, mais de seis meses). É comum que os pacientes abandonem o tratamento ou procurem alternativas mais baratas, na medida em que o tratamento necessite se estender por um tempo maior do que o previsto. Embora sejam as terapias pela palavra consideradas caras e morosas e seja evidente a predominância do uso da medicação em níveis ambulatoriais, não se pode concluir que a terapia medicamentosa seja mais acessível, principalmente às populações pobres de países como o Brasil.

A medicação antidepressiva é cara. Por isso, o custo do tratamento é enfaticamente abordado, sendo veiculada a ideia de que ele não seria excessivamente caro. O interessante é que, a partir de um jogo de palavras construído para sustentar esse argumento, pode-se constatar a lógica capitalista evidente e a maneira como se vale dos discursos científicos, pseudocientíficos e publicitários, transformando definitivamente uma questão da *saúde* em uma questão estritamente *comercial*.

O remédio, a alegria da forma mais pura, *é também a alegria da melhor relação custo-benefício*. Completamente convertida em *coisa*, em produto, a alegria possui um preço que deve ser calculado não só por seu valor objetivo no mercado dos remédios, mas também pelo que o uso continuado da medicação oferece/promete. Note que o que está à venda é a alegria e a felicidade, a partir da utilização de uma droga que não provoca muitos efeitos colaterais, garantindo, como se verifica em algumas frases da Peça A, *segurança e baixo custo de tratamento, nove dias de tratamento gratuito a cada dois meses etc.*

Do mesmo modo, a questão controversa aparece revelada, ou seja, o tratamento da depressão a partir da terapia medicamentosa não é tão barato, como se poderia supor inclusive pela contraposição ao custo das terapias pela palavra. Apresenta-se uma solução que não se preocupa em defender o valor absoluto do remédio como menor do que o de outras medicações. Toma-se o discurso científico e, prometendo uma vida feliz, o folheto se constrói sobre uma dupla via, não se negando a fornecer as informações técnicas, as referências científicas, pois elas já se converteram em uma base sólida para toda a argumentação do *vendedor*. Enfim, diante da melhor relação custo-benefício, o investimento financeiro é sempre indicado. Fomentam-se, ao mesmo tempo, a depressão e a necessidade do tratamento prolongado/continuado, sustentadas pelos elementos que estruturam esta linguagem constituída de múltiplos discursos, que, assim indiscriminados, cumprem a finalidade explícita da indústria.

Cuidados com a vida e assistência complementar

A Peça A, como já mencionado, destina-se à divulgação que é feita entre a classe médica. Busca-se assim a adesão do médico como elo importante na cadeia estruturada para vender a medicação. Entretanto, apesar das expressões técnicas e das referências a prováveis artigos científicos, o material é elaborado de modo a alcançar o público em geral. Sua construção, desde o tipo de papel até as cores e os símbolos adotados, visa à comunicação visual, simples e afirmativa. O médico, na cadeia de mercado, é um elo que, embora não possa ser substituído em sua função de indicar e receitar o remédio, é, ainda assim, gradualmente deslocado de suas funções, não só pelo uso da linguagem simbólica e pela simplificação e comercialização do discurso, que possibilita a compreensão do material pelo leigo, como também porque dele vai sendo retirada a tarefa de orientar e acompanhar seu paciente.

O laboratório, sob o *slogan* "cuidados pela vida", propõe-se a auxiliar os pacientes *envolvidos* com a depressão. Comprometendo-se a fornecer orientação e apoio, a enviar folhetos e informações básicas e oferecendo descontos na compra direta. A indústria prescinde da figura do médico como agente que garanta a utilização continuada do remédio. Fechando o folheto com a frase "a garantia de uma maior e melhor adesão ao tratamento", o material continua a revelar as dificuldades relacionadas ao uso da medicação antidepressiva, evidenciando sua estratégia de venda e de controle de toda a cadeia de comercialização do remédio. Note que a expressão "programa de auxílio de pacientes *envolvidos* com a depressão" cuida de ampliar consideravelmente a faixa de usuários em potencial, pois, entre estar deprimido, sofrer de depressão e estar *envolvido* com a depressão, há uma considerável diferença, fechando um círculo que se iniciara com a frase: "a alegria da forma mais pura".

Se a medicação é eficaz, não acarreta prejuízos colaterais, apresenta melhor relação custo-benefício; se o fabricante oferece orientação diretamente ao cliente, além de lhe conceder descontos, qualquer pessoa que tenha *qualquer tipo de envolvimento* com a depressão poderá tomar o remédio/alegria. Na medida em que esses elementos são separados para fins de análise, desvela-se uma lógica subjacente, pois, se a intenção explícita do material é vender continuadamente a medicação antidepressiva, será preciso para tanto defender a ideologia da depressão, ao mesmo tempo prometendo a cura não pela superação do quadro patológico, mas, sobretudo, pela adesão ao tratamento. Da adesão ao adesismo, funda-se a ideia de aceitação plena, uma vez que, como vem sendo dito, todos os elementos estão explicitados e, para qualquer outra indagação, todas as respostas poderão ainda ser fornecidas pela central de atendimento. A dependência e a sujeição serão a decorrência?

Aquém da imagem: aprofundando a análise

É oportuno retomar os eixos destacados no capítulo anterior para fins de análise e investigação, a saber, as condições objetivas levam o homem moderno ao adoecimento e ao sofrimento psíquico, conceituado como depressão, gerando, de um lado, o aumento e a intensificação desses estados e, de outro, a disseminação ideológica da depressão que passa a nomear e a explicar uma ampla gama de estados subjetivos. Dos sujeitos deprimidos aos sujeitos *envolvidos* com a depressão, desvela-se a tentativa de explicar e controlar o mal-estar do homem pela definição científica da doença, que é capaz e suficiente para abranger múltiplas e variadas reações psíquicas.

Na verdade, sem descartar a questão acerca de por que os sujeitos se deprimem na contemporaneidade, o que se busca compreender, sobretudo, é essa ampliação de significados, que revela a ideologia presente não só na fomentação desse estado de coisas, mas também nas tentativas de explicação científica que se pretende alcançar. Não por acaso, a via explicativa prioritária tem sido a biológica, orgânica, e é oferecida a terapia medicamentosa como resolução das dificuldades que o homem encontra em seu existir. Nesse sentido, mais do que uma investigação da clínica da depressão, pretendeu-se a análise da ideologia que sustenta o que vem sendo chamado de *lógica da depressão*.

A investigação do fenômeno clínico ou mesmo do discurso científico poderiam revelar tanto a maneira pela qual os sujeitos adoecem e se deprimem quanto a apreensão científica da depressão. Contudo, somente pelo exame sistemático do discurso explicitamente ideológico é possível compreender os principais aspectos que deslocam uma questão de saúde e doença para a manipulação comercial que visa à ampliação voraz dos mercados. Sem o entendimento de que a depressão, atualmente, se converteu em um jargão, que sua disseminação atende também a fins ideológicos, dentro da lógica de um mercado que visa a comercialização, o lucro, não se pode discriminar, sobretudo eticamente, do que se trata a depressão, quando se consideram os fenômenos clínicos. Sob a lógica capitalista evidente, como vem sendo possível demonstrar pela análise, constrói-se uma teia conceitual que se vale de diferentes discursos.

A partir da decifração dos elementos dispostos é possível concluir que a venda da medicação se sustenta basicamente na garantia do uso prolongado e contínuo do medicamento e na disseminação da depressão. Objetivam-se a estabilização do mercado e seu alargamento. Certamente, as drogas cientificamente autorizadas pelas neurociências podem ser o antídoto para as depressões (Birman,1999), pois o tóxico inebriante permite aos sujeitos certo tipo de inclusão social, cuja senha é *se parecer com algo*. Ainda que seja pela cristalização de uma imagem prisioneira dos ideais narcísicos e dos modos de identificação mais primários, o sujeito adere à possibilidade de encontrar fora de si, aquilo mesmo que já lhe foi retirado e que não será nem poderá ou deverá ser reposto.

Se o homem vem se tornando progressivamente mais triste e melancólico, não se trataria de curá-lo, mas de oferecer-lhe um ajuste. A alegria questionável e falsa do palhaço está à disposição nas prateleiras, mas, obviamente, não se pretende a alteração desse estado de coisas. O sujeito, tomado como o polo consumidor da cadeia do mercado, só encontra como saída a *naturalização* de sua depressão. Note que, na Peça A, a palavra depressão, a não ser na contracapa, não é utilizada diretamente. Toda a comunicação é voltada para a alegria – essa, sim, passível de ser adquirida como elemento da exterioridade. Sem mencionar a palavra depressão, parte-se dela por princípio. Claro está que, assim como no palhaço, o que se ressalta é a melancolia de fundo, que pode ser vencida pela aquisição da alegria.

É preciso dizer que toda a vertente de explicação sustentada na biologia, mesmo os estudos científicos mais sérios e rigorosos, pode se prestar à utilização ideológica, pois, se os sujeitos portam a depressão em seu corpo, em seu cérebro, não há o que questionar em relação à lógica totalizante. Os homens podem experimentar as sensações fisiológicas de alegria e de tristeza de maneira independente de suas condições objetivas de existência. Paradoxalmente, a fragilidade humana se acentua, pois, diante da natureza, ainda que seja a natureza do próprio corpo, não resta outra alternativa senão a sujeição. A necessidade da medicação é prova disso, pois somente o recurso da intoxicação pela droga seria capaz de alterar as condições determinadas pelo *natural*.

O antagonismo presente entre a sociedade, os indivíduos que a compõem e as instituições vigentes deixa de ser central, pois a solução para o mal-estar prescinde da explicitação e do enfrentamento dos conflitos sociais. Como afirmam Horkheimer e Adorno (1944/1985), quando se perde de vista a tensão entre instituições e vida e procura-se resolver o social no natural, acaba-se por fomentar uma mitologia que se refere à *naturalização* de reações subjetivas instaladas a partir da tensão inerente à vida em sociedade. Impressiona, nessa medida, como a exposição dos elementos, mesmo os mais contraditórios, é usada na comunicação como meio de neutralizar qualquer tensão e questionamentos que possam ser colocados.

Ora, se a depressão é um fenômeno *natural*, passível de ser controlado pelo uso da medicação antidepressiva, praticamente deixa de representar um problema a ser investigado. Na capa da Peça A, com seu chamativo palhaço, revelam-se a frieza e o cinismo imprescindíveis para a sobrevivência dentro de um sistema que não permite nem possibilita o desenvolvimento do sujeito. Vale lembrar, alegria e felicidade estão associadas ao sucesso material, e a cadeia de consumo se sofistica na direção de maquiar os mesmos produtos sob diferentes características periféricas, marcas e etiquetas, que garantam a aparência de ser e ter.

O sorriso das pessoas e as fotos de fundo azul oferecem a fuga do cotidiano que, como ressaltam Horkheimer e Adorno (1944/1985), são a promessa da indústria cultural em todos os seus ramos, ainda que a única coisa que se possa obter seja a resignação ao cotidiano. O antidepressivo vende a alegria como meio de escapar daquilo que não se pode escapar de modo algum. Com o uso do remédio, mesmo a diversão mais banal deixa de ser necessária. Apenas o efeito que pode se obter com a droga interessa. Citando os autores: "Quanto menos promessas a indústria cultural tem a fazer, quanto menos ela consegue dar uma explicação da vida como algo dotado de sentido, mais vazia torna-se necessariamente a ideologia que ela difunde" (p. 137).

Essa afirmação é bastante apropriada, pois pode-se depreender da análise do material a busca da simplificação e harmonização do discurso convertido em comunicações sustentadas por imagens, que transmitem informações a partir da retirada crescente de qualquer complexidade. Diante desse evidente esvaziamento do sujeito e da frieza necessária, o sorriso artificialmente forjado poderá se referir somente ao escárnio e ao desprezo pela realidade, que levou o sujeito a encontrar na depressão *um refúgio* no qual pode se proteger. Escarnecendo atrás da máscara do palhaço, o sorriso falseado não deixa de ser revelador. Se nos materiais todo o esforço possível é feito para garantir a adesão dos sujeitos, pode-se dizer que o sujeito de algum modo insiste em escapar.

Certamente, diante da cultura *extasiante* dos humores (Birman, 1999), a aquisição da alegria se coloca como importante capital a ser buscado, em detrimento da decifração dos impasses vividos pelo sujeito na tentativa de viabilização de seus desejos. Em outras palavras, não se trata de perseguir o prazer, mas de evitar o sofrimento (Freud, 1930/1974). A sensação artificial da alegria equivale às reações triunfantes do ego, que ilusoriamente se afasta da realidade e passa a encenar para si mesmo e para o outro algo que pode referir-se remotamente às suas próprias dificuldades.

Retomando as colocações de Freud sobre o humor em contraposição à imagem do palhaço, outro importante aspecto se apresenta à análise. A alegria caricatural do palhaço, que escarnece da própria tragédia, em nada se parece com a saída que o psiquismo pode encontrar nas reações humorísticas, que não levam necessariamente ao riso fácil, mas podem refletir a possibilidade de o sujeito, em sua complexa *administração interna* da economia pulsional, encontrar no humor algo de libertador, pela efetivação do princípio de prazer. O sorriso discreto do bebê que adormece saciado (Freud, 1905b/1974) em nada se parece com os sorrisos largos ou a máscara estereotipada do palhaço. Pode-se dizer que, em certa medida, o prazer é *sério*, pois as tensões pulsionais que se instalam entre as pulsões de vida e as pulsões mortíferas obrigam o psiquismo a um trabalho constante que visa ao equilíbrio econômico e dinâmico.

Como alerta Freud (1927b/1974), a saída humorística não conduz à resignação, o humor é sempre rebelde e aquilo que pode levar ao riso está sempre ligado aos aspectos inconscientes (já descritos por Freud em 1905, no texto sobre os chistes). Em outras palavras, é preciso um bom motivo para levar o sujeito ao riso, e essa reação psíquica não tem relação com o riso provocado pelo histrionismo do palhaço, embora se possa alinhá-la às formações sintomáticas tão caras à sobrevivência psíquica. A diversão proporcionada pelo comportamento bufo do palhaço termina cooptada pelo aprisionamento da indústria cultural (Horkheimer & Adorno, 1944/1985), em seu estilo técnico, o que denuncia o triunfo da racionalidade da dominação sobre as manifestações mais espontâneas do sujeito diante do mal-estar.

Diante do material analisado, é oportuno sublinhar, especialmente, o fato de que a tensão entre as modalidades de compreensão acerca da depressão, sobretudo a contraposição dos discursos da psicanálise e da psiquiatria, descrita nos capítulos anteriores, desaparece completamente. Na lógica defendida pela indústria farmacêutica, busca-se a via da medicalização psiquiátrica em detrimento da terapêutica psicanalítica, pois a psicanálise se funda em uma ética que vem a confrontar diretamente os princípios defendidos pela sociedade do espetáculo, da imagem. No folheto, visa-se à síntese; a condensação é valorizada e deve ser mantida.

O símbolo, ainda que remeta às questões subjacentes, não deixa de se converter em um substituto, que será cada vez mais eficaz se alcançar completamente o esvaziamento das significações.

De todo modo, o saber psiquiátrico não deixa de ser anulado pelo discurso da psicofarmacologia, aparecendo referido apenas superficialmente. Vale mencionar que os artigos científicos mencionados na Peça A tratam essencialmente da comprovação da eficácia da droga. Não é de estranhar que as indústrias farmacêuticas estenderam suas vendas aos médicos cardiologistas, neurologistas e clínicos gerais, em um movimento que denuncia a apropriação de certo nível de discurso da psiquiatria que possa ser reforçador do ideário da psicofarmacologia.

Freud, como já mencionado, tinha a convicção de que as terapias medicamentosas se imporiam sobre as terapias pela palavra, supondo, àquela altura (1937), que, no futuro, se abriria a possibilidade de agir diretamente sobre as quantidades de energia e sua distribuição no aparelho psíquico pela utilização das substâncias químicas. Contudo, o que se depreende no material analisado é que nem o saber psiquiátrico, muito menos as noções psicanalíticas são imprescindíveis para garantir a lógica da medicação. A depressão funda um mercado potencial para a venda da medicação, e qualquer recurso disponível é utilizado para alcançar essa finalidade.

Vale retomar Adorno (1975) quando considera que não se trata de buscar ingenuamente, pela análise do estímulo, aceder à intenção direta do comunicador com a consequente tentativa de manipulação do leitor. Essa via tenderia ao maniqueísmo tolo, pois o que se encontra no material analisado é a expressão de uma abordagem liberal dos tratamentos, que submete a clínica a um critério de rentabilidade (Roudinesco, 2000). Inicialmente consideradas mais baratas do que as terapias pela palavra, as terapias medicamentosas sustentam-se na ideia bastante plausível à lógica do capital de que a utilização da medicação antidepressiva se constitui uma forma de tratamento mais econômica, tanto do ponto de vista do tempo de duração quanto em relação ao valor monetário propriamente dito. Obviamente, a substituição eficiente das terapêuticas garantiria a expansão do mercado consumidor.

Cabe concluir, contudo, que a aparente *leveza* do material analisado é rompida justamente pela inevitável necessidade de se aludir, ainda que indiretamente, ao sujeito. Como bem afirma Roudinesco (2000), se o termo sujeito tem algum sentido, a subjetividade não é mensurável nem quantificável. Considerando o esforço empreendido para garantir que a medicação seja ajustável ao sujeito e pela *tentativa de ensinar* quais seriam os meios para atingir uma melhor adesão do sujeito ao tratamento – elementos claramente identificados no material –, é possível constatar que a essência da experiência humana não pode ser anulada.

Se o sujeito se transformasse totalmente no palhaço, esvaziado e performático, as dificuldades superficialmente apontadas na Peça A nem necessitariam ser mencionadas.

Até este momento a análise pretendeu demonstrar justamente que, pela exposição dos elementos, não será tão fácil assim a sujeição da organização psíquica ao ideário reducionista das neurociências e da bioquímica cerebral. Todos os cuidados e estratégias adotados na elaboração do material analisado denunciam a necessidade da construção, que vem sendo aqui chamada de lógica subjacente, que se sustenta na disseminação do conceito de depressão, para fins da comercialização dos antidepressivos.

Sempre se pode argumentar, é certo, que essa é uma radicalização perigosa, que poderia fazer subsumir os problemas que conduzem diretamente a investigação no sentido de compreender os motivos pelos quais o ser humano contemporâneo é levado a um *plus* de renúncia (Marcuse, 1955/1966), que, para além da necessária renúncia pulsional inerente ao processo civilizatório, o encaminharia à depressão e à neurose. Nesse sentido, vale repetir que não se trata de *jogar o bebê com a água da bacia*. São notórios a infelicidade do ser humano e seu estranhamento em relação às estruturas sociais por ele também criadas. Contudo, isolá-lo na depressão, compreendida como uma reação ou falha de suas reações bioquímicas, mesmo nos quadros em que os sintomas depressivos se apresentem gravemente intensificados, é aprisioná-lo em um circuito que procura se alimentar vorazmente do seu adoecimento.

Essa consideração é fundamental, pois, por mais que se possa dizer que a evolução da psicofarmacologia trouxe benefícios significativos aos pacientes que necessitam das terapias medicamentosas, não se pode perder de vista a tensão presente nesse campo, tão notoriamente atravessado pelos interesses ideológicos. Mesmo não sendo uma prerrogativa das neurociências e da farmacologia – uma vez que toda a produção científica é cooptada para fins dos interesses do capital –, é imperativo ressaltar que, no caso da ideologia da depressão, o que se agrava é o esvaziamento do sujeito e a manutenção de um estado no qual o homem perde a possibilidade de se contrapor e de buscar compreender com maior profundidade seu mal-estar.

A virada prometida: trabalho, antidepressivos e alegria

A medicação antidepressiva é vendida como símbolo da alegria, que, convertida em *coisa*, pode ser comprada nas prateleiras das farmácias. Da estrutura e dos elementos que compõem a Peça A é possível depreender: as relações positivas e/ou negativas estabelecidas entre depressão, trabalho, mulher, alegria, cores e lazer; a tentativa de se prescindir do médico como elemento-chave no processo da escolha da medicação; a associação entre o remédio, a pureza, a natureza e o infantil e a utilização do discurso científico como sustentáculo das estratégias de venda.

Retomando as hipóteses levantadas e considerando os aspectos que a análise da Peça A permitiu introduzir, avaliou-se como necessária a escolha de um segundo folheto (Peça B), uma vez que poderia ser de grande valia a verificação da presença ou não dos elementos acima mencionados, corroborando ou não as colocações destacadas até aqui.

Embora a Peça A possa, na verdade, ser considerada um catálogo e a análise de seus elementos já tenha permitido, pela complexidade encontrada na combinação dos componentes dispostos, aceder a significações relevantes, a escolha de mais um folheto foi essencial para garantir maior rigor à análise.

A Peça B, em sua apresentação, repete o padrão da Peça A, sobretudo no que se refere ao tipo de material utilizado em sua elaboração e ao tratamento técnico empregado, dentro dos padrões e das técnicas da publicidade. A reprodução impressa a seguir, ainda considerando os limites técnicos já mencionados, é imprescindível para que o leitor possa ter uma noção visual, uma vez que o jogo imagético, como se poderá acompanhar, se constitui em importante característica dos aspectos que estruturam o material.

Peça B

A análise da Peça B destaca, por um lado, a repetição de alguns elementos que vêm sendo considerados fundamentais, o que resultará em maior elucidação da lógica que concebe a depressão como *natural* e a alegria como produto ou *coisa*. Por outro, é possível a identificação das diferenças pela estratégia adotada, pois os recursos técnicos são efetivamente desenvolvidos para garantir a eficácia no acesso ao mercado consumidor, considerando a pressão da acirrada concorrência do mercado dos remédios.

Cabe também situar que, pela repetição dos elementos e pela decifração das articulações que este novo material permitiu destacar, considerou-se desnecessária a tomada de novos materiais, pois, como se mostrará, as peças aqui consideradas já permitem o aprofundamento da análise e a elaboração de considerações conclusivas.

MARIA SILVIA BORGHESE 185

Dando uma virada na depressão: estratégia específica

A Peça B tem a forma de um porta-retratos e apresenta uma fotografia em preto e branco de um homem falando ao telefone, trajando roupas típicas das situações de trabalho. Sua postura corporal e a expressão do rosto insinuam uma condição de mal-estar, pela tensão dos músculos faciais da testa, pela posição de sua mão entre os olhos etc. A tentativa é retratar a depressão, uma vez que, sobre a fotografia em preto e branco, letras amarelas destacam a frase: "Dê uma virada no quadro depressivo do seu paciente".

A escolha de recursos técnicos adequados possibilita que essa fotografia seja puxada pela base inferior do porta-retratos, sem que se possa, contudo, retirá-la completamente. O efeito alcançado sustenta-se na justaposição e, ao mesmo tempo, contraposição de fotografias, pois se pode visualizar outra imagem semelhante à primeira (que ainda permanece no campo visual do leitor). As fotografias assim justapostas permitem uma imediata comparação, pois a segunda retrata exatamente a mesma situação exposta na primeira – o homem falando ao telefone em situação de trabalho –, mas se contrasta pela introdução cuidadosa de alguns elementos: a fotografia é colorida (camisa azul e fundo amarelo), o homem aparece exibindo um largo sorriso, sendo então apresentada ao médico uma maneira pela qual será possível dar uma *virada no quadro depressivo do paciente*: o programa "Viver com alegria" é oferecido pelo laboratório, que, além de destacar sua medicação antidepressiva, estruturou um meio de fornecer diretamente aos consumidores as informações sobre a doença e o produto.

O formato de um porta-retratos e a utilização da expressão *quadro depressivo*, em vez de depressão, emolduram o desfile dos mesmos elementos encontrados no primeiro material. Partindo de um jogo de palavras, típico das peças de propaganda, promete-se a *virada* que só a medicação possibilitaria. Como na troca voluntária das fotografias dispostas nos porta-retratos, o uso do remédio e o acesso ao programa de orientação desenvolvido conduziriam facilmente a uma solução eficaz para a depressão. Embora a *embalagem* seja outra, pode-se identificar a presença dos mesmos eixos de sustentação, o que certamente contribui para o enriquecimento da análise, pelos acréscimos que essas novas associações possibilitam.

Vale assinalar, contudo, que não se considerou essencial uma retomada (repetitiva e exaustiva) dos mesmos elementos, pois se considera que a análise da Peça A já possibilita a reflexão sobre os principais aspectos envolvidos. Na verdade, o exame da Peça B tem como objetivo destacar que os princípios que estruturam a cadeia de divulgação e venda da medicação antidepressiva são comuns aos materiais analisados, bem como a outras peças que estavam disponíveis, mas que se considerou desnecessário analisar.

A racionalidade técnica é a racionalidade da dominação

A sofisticação técnica alcançada (ao menos pretendida) na Peça B sugere que a comunicação apresenta eficiência naquilo que pretende veicular. Embora direcionado aos médicos, o material não apresenta nenhuma informação que o público leigo em geral não possa compreender. A estratégia visa a garantir a venda continuada da medicação antidepressiva, pela adesão do paciente ao tratamento, e, para tanto, a indústria coloca-se como mais competente que o profissional médico.

Vale repor Roudinesco (2000) quando sugere que a psicofarmacologia se tornou o símbolo da ciência triunfante, pois, no material, a via medicamentosa é oferecida como alternativa, colocando a indústria como substituta do médico para realizar o acompanhamento do paciente. Dito de outro modo, a indústria cria e dispõe dos meios para garantir a adesão ao tratamento.

Vale lembrar que a clínica psiquiátrica, conforme assinalado anteriormente (Capítulo 2), sofreu sérios prejuízos em razão da ênfase nas padronizações estatísticas que passaram a ser determinantes das formulações diagnósticas. Para além desse aspecto, evidencia-se, ademais, no exame da Peça B, que a estrutura de divulgação da medicação antidepressiva objetiva o acesso direto aos pacientes, oferecendo as centrais de atendimento como substitutos da ação médica. Uma rede complexa é, assim, estruturada sobre os pilares fundados pela indústria farmacêutica, que se vale dos princípios da psicofarmacologia e da psiquiatria a fim de alcançar autonomia ao menos relativa no processo de comercialização dos psicotrópicos.

É forçoso concluir que o sujeito, paciente ou médico, teria condições de resistir e escapar dessa flagrante teia ideológica, que só se justifica na medida em que reflete a fragilidade de seus próprios argumentos. Se o uso da medicação resultasse nos efeitos prometidos, não seria necessária a estruturação de uma cadeia eficiente que garantisse a adesão. Os recursos disponíveis pela publicidade se originam e atendem às finalidades de venda da indústria, mediada pelas noções que sustentam que a droga é um meio eficaz de se alcançar *alegria da forma mais pura*.

Vale, portanto, destacar os principais pontos que se apresentam na elaboração da Peça B, pois repõem aspectos já ressaltados na análise da Peça A e, por isso, permitem o aprofundamento da reflexão a respeito dos eixos que sustentam a ideologia da depressão. Conforme se poderá acompanhar, os pontos a seguir assinalados terminam por circunscrever e desvelar a lógica que se objetiva demonstrar na presente análise.

a) Novamente, a palavra depressão não é usada e busca-se ressaltar muito mais a venda/compra da alegria, a qual o antidepressivo passa a representar/simbolizar. Se, na Peça A, tratava-se dos "envolvidos" com a depressão, agora se distingue a depressão do "quadro depressivo". Cabe discutir quanto essa expressão acarreta uma generalização semelhante à obtida na Peça A, pois se vale de uma imprecisão conceitual.

b) O elemento lúdico reaparece, garantido pelo tipo de manuseio do material, que permite ao leitor brincar com a justaposição das fotos. Na Peça B, é proposta uma espécie de jogo, no qual é possível brincar com a alteração do estado de ânimo do sujeito, consequente à alteração das fotos sobrepostas.

c) A associação da depressão ao trabalho é uma vez mais explicitada, embora, assim como na Peça A, seja indicado o uso da medicação como garantia da alegria de viver. Em outras palavras, não é necessário alterar a relação com a vida e o mundo do trabalho, que passaria a ser tolerável pelo uso continuado da medicação.

d) O uso das cores, que remete às situações de lazer, sobretudo o azul e o amarelo, diferencia/distingue o bem-estar das situações de lazer, uma vez que a segunda fotografia mostra claramente que é possível trabalhar e ser feliz, ou pelo menos alegre. Como na Peça A, embora seja possível depreender que as situações de trabalho deprimiriam o ser humano, ao contrário das situações de lazer, oferece-se o uso da medicação como saída para esse impasse.

e) O sorriso largo do homem trabalhando, que na segunda foto expõe seu rosto por inteiro, retoma a associação entre alegria, felicidade e sucesso profissional. Trata-se de um sujeito bem-sucedido? As tensões presentes em sua expressão e postura na primeira foto estão completamente dissipadas, assim como nas fotografias observadas na Peça A.

f) A estratégia de aproximar público consumidor e indústria, pelo afastamento consentido do médico, é evidente. O laboratório garante a orientação, a adesão e a persistência no tratamento. Os depoimentos dos pacientes na contracapa que parecem ser dirigidos a pessoas e não a uma empresa, a promessa de retribuição pela confiança e as ofertas promocionais destacadas buscam estreitar essa relação, a partir da tentativa de *personalização* da indústria.

g) Um dos depoimentos de pacientes transcrito na contracapa ressalta *o cuidado com a natureza*, o que pode remeter à associação anteriormente mencionada entre a medicação e a *pureza*. Assim, a indústria é gradualmente associada, bem como a medicação antidepressiva por ela vendida, a elementos como alegria, lazer, natureza, criança, pureza etc.

Evidencia-se assim, pela articulação dos aspectos anteriormente ressaltados, a configuração da autonomia do acesso da indústria em relação ao mercado que necessita alcançar. Se a depressão se difundiu e pode ser diagnosticada partindo de múltiplos caminhos ("que tomam a parte pelo todo" – Bleichmar, 1983), a indistinção entre depressão e ideologia pode ser novamente evocada, na medida em que resulta no alargamento do mercado (a ser atingido diretamente). É fundamental ressaltar: o material revela um engodo, que é desfeito rápida e paradoxalmente pelas próprias informações que coloca à disposição.

Concebido originalmente como material publicitário a ser difundido entre a classe médica, acaba sendo destinado ao público de modo geral. Essa afirmação justifica-se pela presença dos elementos acima dispostos, que já haviam sido identificados na análise da Peça A. Constata-se, na Peça B, a ausência absoluta de qualquer preocupação a respeito da definição da doença, da especificação de características técnicas da medicação ou da busca, no discurso científico, de qualquer eixo de sustentação que garanta sua estratégia de venda. Nessa medida, pelo esvaziamento da importância de qualquer discurso, a depressão finalmente nem necessitaria ser considerada um problema médico, pois aparece associada *naturalmente* ao cotidiano dos sujeitos, que podem ter acesso às formas eficazes de sua resolução.

A dissociação da consciência e a predominância do pensamento mágico infantil são os mecanismos psíquicos que possibilitam aos sujeitos a aceitação de uma lógica excessivamente *simplista*, que banaliza a depressão e converte a medicação antidepressiva em pílula mágica da alegria e da felicidade. Na verdade, a racionalidade convertida em irracionalidade objetiva (Adorno, 1955/1986) engendra a adesão dos sujeitos, a partir de mecanismos de dissociação da consciência, que passam a negar aquilo que lhe poderia ser evidente. Apesar de os elementos estarem explícitos e serem acessíveis à consciência, pode-se resgatar Birman (1999) ao afirmar que o desamparo do sujeito, que não encontra guarida nas explicações *cientificistas* dadas ao seu mal-estar nem consegue vislumbrar as saídas a partir de mudanças sociais, o leva a crer no refúgio das drogas, mesmo as oficiais, como modo de resolver os impasses da existência.

Mesmo estando à disposição da consciência, os elementos que poderiam denunciar a mitificação da ciência (Horkheimer & Adorno, 1944/1985) e sua manipulação para fins ideológicos convertem-se em pilares de sustentação da irracionalidade objetiva, que permite ao sujeito a alienação defensiva de suas angústias. Pode-se argumentar, ainda, que a *simplificação* evidentemente exacerbada na elaboração da Peça B é verificável, podendo sua lógica ser facilmente questionada. No entanto, esta passa a ser uma questão secundária diante da flagrante apropriação ideológica da depressão, que se sustenta pela divulgação difusa e indiscriminada de noções que já foram transformadas à luz do discurso que atende aos fins capitalistas.

A produção de conhecimento e o discurso científico obviamente não se colocam desde a origem como sustentáculos dos interesses da indústria. De outro lado, porém, a análise buscou evidenciar a maneira pela qual a ciência (os avanços científicos e tecnológicos) vai sendo distorcida e parcialmente utilizada, de modo a oferecer, mesmo que inadvertidamente, os argumentos sobre os quais se assenta a lógica do capital. A depressão compreendida como doença orgânica, que decorre de distúrbios da bioquímica cerebral, em outras palavras, a concepção da depressão *natural*, não deixa de se converter em um exemplo direto desse tipo de distorção. É preciso lembrar também que as teorias psicológicas e a psicanálise terminaram, do mesmo modo, fornecendo os argumentos que atendem a fins ideológicos (conforme se procurou demonstrar no Capítulo 3).

Se, na Peça A, foi possível identificar a justaposição de dois níveis de discursos, separados até graficamente em todas as páginas, que preservava a interlocução com o médico e se preocupava em fornecer informações técnico-científicas, na Peça B, nem a justaposição de discursos é mantida, e nenhuma tensão ou contradição é expressa ou insinuada entre os símbolos e signos usados na comunicação. No primeiro material, flagrava-se, pelo esforço de adicionar as informações precisas, a preocupação com o sujeito, pelo que sua singularidade o permite escapar das tentativas de padronização e/ou regulação. No segundo, embora o mesmo aspecto possa ser depreendido pelo esforço de garantir a adesão dos pacientes ao tratamento, nenhuma informação contraditória (alertas técnicos como os encontrados na Peça A) é transmitida. Definitivamente, esse material poderia ser destinado ao público em geral, o que transformaria o médico em uma espécie de *propagandista da indústria farmacêutica* (o que acaba ocorrendo, mesmo que à sua revelia).

Outro aspecto que ganha uma dimensão mais nítida na Peça B diz respeito às promessas que as pílulas não podem cumprir. A tensão presente na primeira fotografia, que aparece associada às condições objetivas e à situação de trabalho, encontraria resolução na pílula da virada. Em vez de *dar uma virada na vida*, ao sujeito resta *dar uma virada em seu quadro depressivo*. Como a segunda fotografia é estruturalmente idêntica à primeira, a *virada* será possível pelo uso da medicação. A comunicação procura anular qualquer tipo de antagonismo entre indivíduo, sociedade e instituições sociais (Adorno, 1955/1986), tanto pela transformação das características subjetivas em *coisa* como pela distorção por meio do efeito de *personalização* da indústria, conforme se pode flagrar nas falas dos pacientes endereçadas ao laboratório, transcritas na contracapa do segundo encarte:

> *... é muito bom saber que existem empresas que estão demonstrando este diferencial em relação aos seus clientes...*
>
> *... vocês estão me ajudando muito a viver pra cima com o programa Viver com Alegria...*

A árdua tarefa da análise

O trabalho de análise, pela separação e decifração dos diversos elementos, resulta menos em conclusões ou construções articuladas das ideias e mais em uma abertura de enunciados e formulações, que poderão ser aproveitados na medida em que possibilitam a retomada das hipóteses levantadas. A reflexão sistemática acerca das questões assinaladas, à luz dos eixos que estruturaram a análise, é imprescindível, embora se deva ressalvar que a riqueza do trabalho analítico reside justamente na diversidade dos elementos abordados e nas múltiplas vertentes que se descortinam para fins de novas investigações. É necessário organizar, propor uma espécie de *síntese* voltada para o exame dos objetivos e hipóteses traçados previamente, sem, contudo, transformar os resultados da análise em dogmas ou preceitos *fechados*.

Em relação ao presente estudo, a maior dificuldade encontrada residiu em não sucumbir à crítica imanente do objeto, que se fazia necessária e importante, mas que poderia produzir um movimento circular, alertado desde a introdução, apenas retomando e reforçando a argumentação inicial. A disseminação do conceito de depressão sustenta-se na ideologia, uma vez que, mesmo como fenômeno clínico, carrega as marcas ideológicas que também lhe são determinantes. Nessa medida, a prioridade da análise foi ressaltar, a partir da decifração dos vários elementos, *a maneira como se estrutura a lógica da depressão e a que fim atende*.

A depressão não foi inventada pela indústria farmacêutica, que teria arquitetado um plano objetivo e consciente para a sua disseminação. Na verdade, o material analisado permite o estabelecimento de importantes correlações, pois, conforme assinalado no Capítulo 4 não se pretendeu defender nem partir da ideia de que existe uma articulação intencional e perversa entre grupos, classes sociais e pessoas com o objetivo de engendrar e fomentar a ideologia da depressão. O que se buscou demonstrar é a relação muito mais sutil e permanente entre as estruturas sociais, as instituições e os indivíduos, fundada no princípio da dominação, determinante – este sim, das condições objetivas da existência do ser humano em sociedade.

A depressão, compreendida como mal-estar do indivíduo na contemporaneidade, carrega o *acento* da ideologia, mesmo quando se configura como um quadro psicopatológico, pois, ainda que se possa argumentar que existe qualquer tipo de disposição individual à depressão, não se pode deixar de observar a correlação entre depressão e condições objetivas da existência. De outro lado, desvela-se uma banalização do conceito, que cunha as mais variadas reações subjetivas sob a marca da depressão, com vistas a criar e estimular a expansão do mercado consumidor da medicação antidepressiva, que é o que a análise dos estímulos acima empreendida buscou principalmente demonstrar.

Evidencia-se que a relação entre a produção e o discurso da ciência, bens inquestionáveis da sociedade moderna, e as estruturas econômicas configura um tipo de aliança perversa, uma vez que a ciência pode passar a sustentar os interesses econômicos, que, por seu turno, tendem a distorcer e anular aquilo que a ciência investiga e comprova. Claro está que essa questão não é nova, nem se refere exclusivamente ao objeto deste livro, porém, pela análise, foi possível explicitar que a utilização do discurso científico pela indústria farmacêutica é parcial, uma vez que o resultado pretendido é o estabelecimento de uma relação não mediada entre produto/indústria e consumidor.

As peças publicitárias analisadas são elaboradas de modo a atingir o público potencialmente consumidor da medicação antidepressiva, uma vez que a indústria procura fundar uma base sólida de criação e fomento do seu mercado. A depressão não é colocada em questão, é dada. A venda da alegria que as pílulas prometem só poderá se sustentar, finalmente, sobre a mitificação, o pensamento mágico e infantil, e, para tanto, o que se flagra é o esvaziamento do discurso científico, qualquer que seja ele. Se na Peça A é possível identificar de maneira inequívoca a sobreposição de discursos que, em última instância, subsumem pela exaltação da imagem, na Peça B a utilização dos recursos imagéticos é radical.

Na sociedade do espetáculo (Debord, 1997), a ideologia da depressão funda-se essencialmente na ideia de que os sujeitos devem parecer alegres, felizes, bem-sucedidos pela boa adaptação à vida social. Nessa perspectiva, qualquer reação subjetiva que denote recolhimento, isolamento, reflexão, tende a ser considerada inapropriada, sobretudo se forem consideradas as ofertas das pílulas e das drogas, que finalmente *garantiriam o bem-estar e a felicidade prometidos pela civilização moderna*.

Especificamente a depressão, e não qualquer outra *doença* ou *patologia* da contemporaneidade, adquire importância na medida em que passa a representar a resposta (avalizada pelo discurso científico?) aos impasses de natureza social evidente. A cristalização das estruturas sociais e a tentativa de adaptação e confinamento do ser humano a uma existência alienada e alienante são características próprias da evolução da sociedade capitalista, que alcança hegemonia na medida em que tem conseguido circunscrever no âmbito individual as tensões e as angústias que o sujeito passa a viver como próprias. São angústias geradas pela sociedade (Adorno, 1955/1986), que se vale cada vez mais do processo de *culpabilização* individual, transferindo ao indivíduo o peso da existência. Assim, as drogas e os remédios convertem-se em saídas particulares, caminhos que o indivíduo vai buscar na tentativa de solucionar as questões que lhe são transcendentes.

Somente quando o ser humano pode se aperceber e se distinguir subjetivamente das condições objetivas da existência é que poderá encontrar meios de *dar uma virada na vida*. Entretanto, conforme ressaltado, na ideologia da depressão, a virada é prometida pelo uso da medicação. Resta *dar uma virada no quadro depressivo*, encontrando no remédio a *alegria da forma mais pura*, há muito perdida.

A análise do material produzido pela indústria farmacêutica expõe os elementos sobre os quais a sociedade se estrutura e que dizem respeito à conversão dos desejos e sensações do ser humano em *coisa*, produtos a serem consumidos. No final das contas, fomenta-se a ideia de que a indústria é capaz de produzir tudo o que o ser humano precisa, ainda que para isso, paradoxalmente, a promessa jamais possa vir a ser cumprida.

Pode-se dizer que, no caso específico da depressão, o objetivo flagrado nos materiais publicitários não é oferecer a cura, mas garantir, imaginariamente, o bem-estar que o uso continuado da medicação pode proporcionar. É só aderir.

Considerações finais

> *Sou um homem doente... Um homem mau. Um homem desagradável. Creio que sofro do fígado. Aliás, não entendo níquel da minha doença e não sei, ao certo, do que estou sofrendo. Não me trato e nunca me tratei, embora respeite a medicina e os médicos. Ademais, sou supersticioso ao extremo; bem, ao menos o bastante para respeitar a medicina. (Sou suficientemente instruído para não ter nenhuma superstição, mas sou supersticioso.)*
>
> Dostoiévski, 1864/ 2000, p. 17, grifo nosso

Depois de mais de quatro anos estudando e pesquisando sobre determinado tema, perde-se, por vezes, o distanciamento necessário que possibilita avaliar se o caminho escolhido e o empreendimento levado a cabo resultaram efetivamente naquilo que foi anteriormente prometido e que se pode encontrar ainda nas primeiras articulações ensaiadas na introdução. A referência ao personagem de Dostoiévski traz, por um lado, o *espírito* do trabalho empreendido na formulação das primeiras ideias, porém, por outro, a epígrafe acima, selecionada durante a elaboração destas considerações finais, enuncia a questão fundamental com a qual se debateu durante o desenvolvimento do trabalho. O escritor russo, desde a primeira página de seu livro, denuncia de forma pungente o que vem sendo tratado aqui como mitificação da ciência e das crenças necessárias à sua aceitação. A lógica da depressão se funda na irracionalidade objetiva, tão singelamente referida pelo personagem: *é preciso ser suficientemente supersticioso para respeitar a medicina*; e a mitificação da ciência pode evidentemente ser considerada resultante do próprio conhecimento científico. Ser instruído e, ao mesmo tempo, supersticioso são estados que se aproximam, demonstrando que toda racionalidade se vale da irracionalidade, dela tirando proveito. Não foi possível ao ser humano atingir, como se supunha, o controle total sobre a natureza e sobre si mesmo e, nessa medida, os fins do processo de esclarecimento se separaram dos meios.

Em torno da depressão estruturaram-se teorias tão abrangentes quanto difusas. Aquilo que elas conseguem abarcar é espantoso, pois tratam desde os sujeitos que padecem gravemente de depressão, que não conseguem se levantar de suas camas diariamente, que se retiraram de maneira radical dos embates da existência, até a mais *ingênua* expressão de tristeza ante uma adversidade da vida. Nos dias de hoje, para uma gama enorme de reações, dá-se o nome de depressão. E o que se pretendeu desvelar é que essa ampliação atende a interesses ideológicos, incluindo, sobretudo, os econômicos e políticos, que se valem da mediação do sujeito e de suas condições psíquicas.

Assim, uma mulher pode descrever sua depressão como um choro que chegou pela manhã e perdurou por muitos dias; um homem atribui o mal-estar experimentado no final de semana à depressão, explicada pelo médico como uma doença orgânica; a adolescente argumenta que a sua depressão é típica da idade e de suas alterações hormonais; o luto vivido em decorrência da morte de um ente querido e seu consequente estado depressivo pode vir a ser medicado. Diz bem o personagem de Dostoiévski ao se definir como doente e *mau*. Não se refere a padecer de um *mal*. O que ele insinua é a aproximação entre os estados morais – de consciência e psíquicos – e o adoecimento do corpo. O sujeito deprimido é *mau* porque o seu *mal-estar* o leva a romper (no extremo) com as estruturas sociais e suas regras. Atacando a própria vida, o sujeito se nega a entrar no inevitável jogo da existência moderna.

A chegada da depressão pode ser comparada à chegada de uma velha senhora que, como as figuras que representam imaginariamente a morte, carrega a morte em vida, chamada depressão. Os manuais de orientação elaborados pelos laboratórios geralmente se referem à *chegada*; a depressão seria uma doença *de verdade*, causada por alterações da bioquímica cerebral e, como doença física, não é culpa do doente. Necessita-se providenciar o tratamento.

Contudo, o esforço para definir a depressão como uma doença *de verdade* provoca justamente uma reflexão a respeito da mentira que, ao mesmo tempo, se pretende contar. Frequentemente associada à tristeza, da qual também se busca distinguir, é tomada como uma doença do corpo que afeta o espírito. A depressão poderia, na sua equiparação à tristeza, se contrapor aos estados morais de alegria e felicidade (prometidos pelas pílulas antidepressivas), mas também à vitalidade, ou vigor físico e, nesse sentido, estaria ao lado da morte.

Obviamente, as questões da doença e da morte, da finitude e da presença dos elementos mortíferos no funcionamento psíquico, bem como de suas manifestações patológicas, sobretudo quando se considera a noção freudiana de pulsão de morte ou, por outro lado, o que se chama de anomalias do funcionamento cerebral, devem ser estudadas com profundidade. Entretanto, esse não é um caminho fácil de ser seguido. A mentira que se pode antever diz respeito às muitas maneiras de se definir a depressão, sob os mais diversos níveis de discurso. Embora se procure dissociar a depressão da tristeza, é inegável que ela acaba por se encontrar a ela associada.

Alguns exemplos recolhidos informalmente de fontes diversas, como manuais de laboratório, reportagens de revistas e jornais, manuais de psiquiatria etc., evidenciam esse aspecto: a depressão é uma tristeza sem causa; é uma tristeza profunda que, mesmo tendo um desencadeante, persiste por mais de duas semanas; a depressão é a doença da alma; a depressão é a doença do corpo; a depressão é dar bom-dia à tristeza; a depressão é mais resistente que a tristeza; a depressão é a tristeza clínica; a depressão é o equivalente da tristeza, só que no corpo etc.

Na verdade, o que se verifica é a utilização de explicações extremamente *simplistas*, uma vez que não é possível encontrar teorias consistentes, que consigam explicar com profundidade as patologias psíquicas apenas pela óptica da depressão. Paradoxalmente, até mesmo nos casos considerados graves, essa óptica *simplista* não permite elucidar, muito menos tratar das condições do adoecimento, que só pode ser compreendido de maneira mais complexa. Os estados melancólicos e as psicoses, por exemplo, apontam um universo que não se revela facilmente ao observador clínico, como se pretenderia nas listagens infindáveis de comportamentos (convertidos em sintomas), que visam ao diagnóstico a partir das classificações e padronizações estatísticas.

Dois aspectos merecem ser destacados. O primeiro: a associação entre tristeza e depressão é necessária e atende à lógica de venda da medicação antidepressiva que promete a alegria, como *coisa* a ser adquirida. Entretanto, mesmo a tristeza, geralmente compreendida como uma reação natural, denuncia os pilares que sustentam a mentira, pois não se pode dizer que a tristeza é natural. Por que o sujeito entristece? Por que os homens adoecem psiquicamente? A não enunciação dessas questões remete ao segundo ponto: prescinde-se da concepção dinâmica dos estados e das afecções mentais, pois ela remeteria ao desvendamento da base constitutiva do sujeito que não pode ser pensada como *natural* em nenhum caso. Vida e morte, saúde e doença não se distinguem simplesmente, e a maneira como o sujeito vive determina, em uma medida talvez não mensurável, mas certamente significativa, as condições de saúde, doença e morte.

Pode-se considerar, psicanaliticamente, que a combinação de vida e morte possibilita carregar o desejo, ainda que seja o desejo de levar o organismo à morte natural. Além do mais, a própria noção de morte natural merece discussão e reflexão, pois até para a biologia, como ressaltou Freud em *Além do princípio de prazer* (1920/1974), a determinação do que seria a morte natural é extremamente controversa e quase impossível de se circunscrever. A base constitucional do sujeito psíquico descrito pela psicanálise não coincide de modo algum com a *naturalização*. Mesmo considerando o suporte biológico e as disposições psíquicas, as bases do adoecimento só se constituem pelas condições culturais, sejam as herdadas da infância, sejam as enfrentadas no embate cotidiano da existência.

Noções como *depressividade* e melancolia constitutiva não se relacionam diretamente com o que eventualmente possa ser chamado de depressão. Mesmo quando é possível encontrar nas concepções da psicanálise a defesa de que a depressão pode ser um estado ou uma reação psíquica que se ergue eventualmente a serviço do sujeito, no sentido de permitir sua regulação econômica e seu reequilíbrio dinâmico, é preciso buscar a distinção rigorosa entre o que se compreende como reações prováveis do sujeito ante uma situação dada e aquilo que poderia ser considerado como reação *natural*.

De outro lado, quando a psiquiatria concebe que a regulação da bioquímica cerebral pode ser afetada por fatores ou condições sociais (*estressores sociais*), concorda obviamente que nem o funcionamento cerebral obedece a padrões fisiológicos autônomos. Nessa medida, dizer que a depressão é uma doença do corpo, como se esse corpo não fosse de um sujeito que vive em dada sociedade, em determinado momento histórico, é fomentar a ideologia e a alienação.

A renúncia pulsional exigida do ser humano em seu processo civilizatório, que o predispõe constitucionalmente à melancolia, mesmo que possa ser considerada como uma condição *sine qua non* para sua existência no mundo, não impede que se questione, como ensina Freud, o nível de civilização que se conseguiu alcançar. Entretanto, cabe ressaltar que a natureza humana, como segunda natureza, converteu-se na máscara (*fake*) do palhaço, que se vê compelido a construir um *estilo* fundado nos limites impostos pela indústria cultural, universo no qual a imagem reina absoluta.

Não se pode deixar de considerar que a lógica da depressão se vale das noções das neurociências, no que incitam ao discurso da *naturalização* e do corpo biológico, e das concepções psicanalíticas, pelo que o isolamento do sujeito pode acarretar a apreensão equivocada de sua singularidade. O adoecimento do sujeito reflete os problemas e as dificuldades da sociedade, e, por meio dos distúrbios particulares, é imperativo se indagar sobre as desordens gerais. Os sujeitos em seu mal-estar são estandartes de sérias questões sociais que, a bem da verdade, a contemporaneidade deixou de considerar como passíveis de serem enfrentadas. A hegemonia do sistema social exige um processo violento de negação da liberdade e dos desejos individuais, que hoje se buscam padronizar para que possam ser atendidos pela lógica do consumo e da indústria cultural.

O sistema social vale-se da lógica que aprisiona o sujeito em seu mal-estar compreendido como um problema a ser tratado. Nessa medida, todos os métodos de tratamento psíquico, alguns mais e outros menos, refletem a ideologia pela qual foram concebidos. Claro está que a intenção é denunciar que aquilo que hoje se encontra tão enfaticamente divulgado pela publicidade, ideologia *descarada*, é também resultante das opções da psiquiatria em adotar as classificações estatísticas, calcadas no ideário da psicofarmacologia, das dificuldades da psicanálise em sua observância ao método clínico no que se refere aos apelos da clínica contemporânea, mas, sobretudo, do triunfo da psicofarmacologia.

Diante da lógica do capital, é indiscutível que as pesquisas da psicofarmacologia e das neurociências são as mais estimuladas, sobretudo pelos lucros que elas podem trazer às indústrias farmacêuticas. Também é possível compreender, a partir dessa óptica, que o uso ideológico das produções científicas se encontra desde o início favorecido pelo tipo de conhecimento que se consegue alcançar, uma vez que também é determinado de antemão, na destinação de verbas para *pesquisas específicas*.

A psiquiatria, nessa medida, ao se alinhar à psicofarmacologia, buscou garantir seu lugar no campo, longe daquele que lhe era outrora reservado como ciência incerta do anormal. Somente pela retomada da observação clínica, pelo exame do sujeito e de seus modos de reagir psiquicamente diante das condições de vida, é que a psiquiatria poderá recuperar sua capacidade de se contrapor ao discurso hegemônico e triunfante da psicofarmacologia e questioná-lo. Essa contraposição permitirá inclusive que se alcancem maior clareza e objetividade quanto às reais aplicações e benefícios da utilização da medicação psicotrópica em geral. Os psiquiatras travam no cotidiano de suas clínicas o difícil embate de ajustar as medicações e classificações para seus pacientes. A retomada da sistematização aprofundada da clínica e a consequente revisão da tipologia são tarefas fundamentais por refletirem e responderem às questões com as quais se depara a clínica psiquiátrica contemporânea. Quando a clínica se vê previamente determinada pelos ditames da psicofarmacologia, corre o risco, invertendo completamente os objetivos, de catalogar os pacientes à luz das últimas novidades anunciadas pela indústria farmacêutica.

Nessa mesma medida, à psicanálise (propriamente, aos psicanalistas) coloca-se a responsabilidade de não permitir que o sujeito subsuma, nem mesmo nas encruzilhadas apresentadas por suas próprias noções e método clínico. Como prática, possui o extremo valor de dar voz e escutar os sujeitos em seus caminhos e descaminhos singulares, o que necessariamente deveria resultar em uma sistematização que possibilite identificar e distinguir o universal, o transcendente e as vertentes do coletivo, que se expressam nas reações individuais.

A depressão é inquestionavelmente uma reação do sujeito de acordo com as suas condições psíquicas, mas a compreensão do mundo interno e das infinitas possibilidades das quais o sujeito dispõe para reagir às suas condições de existência não pode se circunscrever àquilo que deve ser muito mais apropriadamente descrito como um estado ou uma reação sintomática. O não aprofundamento acerca das motivações e forças subjacentes a esse estado tanto anula o sujeito, naquilo que poderia identificar como movimento e resolução dos impasses individuais, quanto impede a elucidação das armadilhas encontradas no processo civilizatório.

Não se pode negar que, nos dias de hoje, foram alcançados progresso técnico e certo controle sobre a natureza. É fácil constatar os ganhos objetivos nas mais diversas áreas para as quais o progresso científico foi fundamental. A medicina científica avançou significativamente em relação à sua capacidade de controlar e extinguir doenças graves, o que aumentou a longevidade do homem. Ademais, diante do agravamento das patologias psíquicas, que podem provocar intenso sofrimento e desgaste, limitando consideravelmente as possibilidades de vida, os avanços científicos obtidos pelas neurociências e pela farmacologia são notáveis e trouxeram auxílio efetivo. Contudo, as promessas do esclarecimento foram cumpridas apenas em parte, pois não é possível afirmar que esse progresso tenha propiciado a estruturação de um modelo social que conduzisse à anunciada felicidade.

O que é, então, depressão? Se, por um lado, a tendência é isolar o conceito como meio de explicar e resolver o mal-estar do ser humano contemporâneo, por outro, é necessário compreender que o mal-estar e as reações individuais são, ao mesmo tempo, sinais e instrumentos dos quais o sujeito dispõe para se afirmar diante da totalidade. Se, pela ciência, será possível colocar à disposição da humanidade meios mais eficazes de superação das atuais condições objetivas de existência, não se pode deixar de incluir aqueles que abrirão a possibilidade de questionar e rever os atuais contratos sociais e as relações de dominação.

Tomado como dado e inevitável, o atual modelo social confunde-se com a vida *natural*, e é nessa medida que se instala e se fortalece o ideário em torno dos facilitadores químicos e das soluções mágicas para vencer o sofrimento e a infelicidade. Embora as tentativas de buscar soluções mágicas sejam tão antigas quanto a humanidade, a questão está na utilização do discurso dito científico para fins de mitificação. As pílulas foram inventadas e podem trazer benefícios inegáveis, mas transformá-las em solução radical seria condenar o ser humano a se contentar com os estados de embriaguez e êxtase, de acordo com os sinais de seu mal-estar. Mais grave ainda seria retirar dele a capacidade de reagir, de se defender, de encontrar formas de dizer e nomear suas experiências. Em nome da ciência, a cultura, a linguagem e a própria racionalidade acabariam extremamente comprometidas.

Vale ressaltar que as ciências do psiquismo ocupam na atualidade uma importante posição, na medida em que o aperfeiçoamento da sociedade também depende das condições psíquicas do sujeito. Continua imprescindível o questionamento das técnicas e práticas desenvolvidas, para não incorrer na velha máxima de que ao sujeito resta seguir cumprindo sua parte na divisão social do trabalho, ainda que seja por meio da adaptação propiciada pelos tratamentos.

Por último, é importante atentar para o principal resultado alcançado no final do percurso, que se refere muito menos à obtenção de fórmulas e receitas de *salvação da humanidade e de cura da depressão* ou, ainda, à pretensão de chegar a respostas absolutas. Buscou-se, principalmente, empreender o exame da questão até o ponto em que a *inoculação da dúvida* impeça que a depressão seja a única explicação dos sujeitos a respeito do seu mal-estar. Etapa de um longo caminho, pelo qual se necessita prosseguir.

Referências

Adorno, T. W. (1993). *Mínima morália*. Ática. (Trabalho original publicado em 1951).

Adorno, T. W. (1986). Acerca de la relación entre sociología y psicología. In H. Jensen (Org.), *Teoría crítica del sujeto* (pp. 36-83). Siglo XXI. (Trabalho original publicado em 1955).

Adorno, T. W. (1968). *La personalidad autoritaria*. Proyección. (Trabalho original publicado em 1965).

Adorno, T. W. (1995). *Palavras e sinais: modelos críticos II*. Vozes. (Trabalho original publicado em 1968).

Adorno, T. W. (1975). *Bajo el signo de los astros*. Laia.

American Psychiatric Association. (1952). *Manual de diagnósticos e estatísticas de distúrbios mentais: DSM-I*. Manole.

American Psychiatric Association. (1987). *Manual de diagnósticos e estatísticas de distúrbios mentais: DSM-III*. Manole.

American Psychiatric Association. (1989). *Manual de diagnósticos e estatísticas de distúrbios mentais DSM-IIIR*. Manole.

American Psychiatric Association. (1994). *Manual de diagnósticos e estatísticas de distúrbios mentais: DSM-IV*. Manole.

André, S. (1995). *La impostura perversa.* Paidós.

Bardin, L. (1977). *Análise de conteúdo.* Edições 70.

Baremblitt, G. F. (1998). Perspectivas futuras para a psiquiatria dinâmica. In S. V. Bettarello (Org.), *Perspectivas psicodinâmicas para a psiquiatria* (pp. 23-29). Lemos.

Basaglia, F. (1985). *A instituição negada. Relato de um hospital psiquiátrico.* Graal. (Trabalho original publicado em 1983).

Birman, J. (1993). *Um futuro para a psicanálise? Sobre a psicanálise do século XXI.* UERJ.

Birman, J. (1999). *Mal-estar na atualidade.* Civilização Brasileira.

Bleichmar, H. (1983). *Depressão: um estudo psicanalítico.* Artes Médicas.

Bleichmar, S. (1996). Novas patologias a um século da fundação da psicanálise? In A. Slavuttzky (Org.), *História, clínica e perspectiva nos cem anos da psicanálise* (pp. 55-61). Artes Médicas.

Bleichmar, N. M. *A psicanálise depois de Freud.* Artes Médicas, 1992.

Bolguese, M. S. M. (1997). *O progresso da psicanálise: os limites da clínica* (Dissertação de mestrado). PUC-SP.

Calligaris, C. (25 jul. 2002). A feira dos remédios em que uma certa psiquiatria vende a alma. *Folha de S.Paulo.*

Cordás, T. A., & Moreno, R. A. (Ed.). (1995). *Condutas em psiquiatria.* Lemos.

Costa Pereira, M. E. (2002). Genética e subjetividade: o paradigma dos estados maníacos-depressivos. In M. L. Violante (Org.), *O (im)possível diálogo. Psicanálise e psiquiatria* (pp. 89-99). Via Lettera.

Debord, G. (1997). *A sociedade do espetáculo.* Contraponto.

Descartes. (1983). As paixões da alma. In *Os pensadores* (Vol. I, pp. 102-187). Abril Cultural. (Trabalho original publicado em 1649).

Dostoiévski, Fiódor. (2000). *Memórias do subsolo*. 34. (Trabalho original publicado em 1864).

Duarte, L. F. D. (1986). *Da vida nervosa nas classes trabalhadoras urbanas*. Jorge Zahar.

Fédida, P. (1999). *Depressão*. Escuta.

Ferreira, A. B. H. (1999). *Novo dicionário Aurélio básico da língua portuguesa*. Nova Fronteira.

Fliess, W. & Freud S. (1986). *A correspondência completa de Sigmund Freud para Wilhelm Fliess. 1887-1904*. Imago.

Foucault, M. (1994). *O nascimento da clínica*. Forense Universitária.

Freud, S. (1974). Os chistes e sua relação com o inconsciente. In *Edição standard brasileira das obras psicológicas completas (ESB)* (Vol. 8). Imago. (Trabalho original publicado em 1905a).

Freud, S. (1974). Três ensaios para uma teoria sobre a sexualidade. In *Edição standard brasileira das obras psicológicas completas (ESB)* (Vol. 7). Imago. (Trabalho original publicado em 1905b).

Freud, S. (1974). Moral sexual civilizada e doença nervosa moderna. In *Edição standard brasileira das obras psicológicas completas (ESB)* (Vol. 9). Imago. (Trabalho original publicado em 1908).

Freud, S. (1974). O interesse científico da psicanálise. In *Edição standard brasileira das obras psicológicas completas (ESB)* (Vol. 13). Imago. (Trabalho original publicado em 1913).

Freud, S. (1974). O instinto e suas vicissitudes. In *Edição standard brasileira das obras psicológicas completas (ESB)* (Vol. 14). Imago. (Trabalho original publicado em 1915a).

Freud, S. (1974). Luto e melancolia. In *Edição standard brasileira das obras psicológicas completas (ESB)* (Vol. 14). Imago. (Trabalho original publicado em 1915b).

Freud, S. (1974). Conferências introdutórias sobre psicanálise. In *Edição standard brasileira das obras psicológicas completas (ESB)* (Vols. 15-16). Imago. (Trabalho original publicado em 1916-1917).

Freud, S. (1974). Além do princípio de prazer. In *Edição standard brasileira das obras psicológicas completas (ESB)* (Vol. 18). Imago. (Trabalho original publicado em 1920).

Freud, S. (1974). Psicologia de grupo e análise do ego. In *Edição standard brasileira das obras psicológicas completas (ESB)* (Vol. 18). Imago. (Trabalho original publicado em 1921).

Freud, S. (1974). O futuro de uma ilusão. In *Edição standard brasileira das obras psicológicas completas (ESB)* (Vol. 21). Imago. (Trabalho original publicado em 1927a).

Freud, S. (1974). O humor. In *Edição standard brasileira das obras psicológicas completas (ESB)* (Vol. 21). Imago. (Trabalho original publicado em 1927b).

Freud, S. (1974). O mal-estar na civilização. In *Edição standard brasileira das obras psicológicas completas (ESB)* (Vol. 21). Imago. (Trabalho original publicado em 1930).

Freud, S. (1974). Análise terminável e análise interminável. In *Edição standard brasileira das obras psicológicas completas (ESB)* (Vol. 23). Imago. (Trabalho original publicado em 1937).

Fromm, E. (1965). *Psicanálise da sociedade contemporânea.* Zahar.

Gay, P. (1991). *Freud: uma vida para o nosso tempo.* Companhia das Letras.

Gorayeb, R. (2002). Subjetividade ou objetivação do sujeito? In M. L. Violante (Org.), *O (im)possível diálogo: psicanálise e psiquiatria* (pp. 139-164). Via Lettera.

Ginzburg, C. (1989). *Mitos, emblemas e sinais: morfologia e história.* Companhia das Letras.

Hippocrates (1849). De la nature de l'homme. In E. Littré (Ed.), *Oeuvres Complètes d'Hippocrate* (Tomo VI, pp. 34-74). Tradução, introdução e notas de E. Littré. J. B. Ballière.

Horkheimer, M., & Adorno, T. W. (1985). *Dialética do esclarecimento*. Jorge Zahar. (Trabalho original publicado em 1944).

Horkheimer, M., & Adorno, T. W. (1987). *Temas básicos da sociologia*. Jorge Zahar. (Trabalho original publicado em 1968).

Isräel, L. (1995). *A histérica, o sexo e o médico*. Escuta.

Kuhn, T. S. (1998). *A estrutura das revoluções científicas*. Perspectiva. (Trabalho original publicado em 1962).

Lafer, B. (2000). *Depressão no ciclo da vida*. Artes Médicas Sul.

Laplanche, J. (1983). *Angústia*. Perspectiva.

Laplanche, J., & Pontalis, J.-B. (1983). *Vocabulário da psicanálise*. Martins Fontes.

Marcuse, H. (1966). *Eros e civilização: uma interpretação filosófica do pensamento de Freud*. Guanabara. (Trabalho original publicado em 1955).

Marcuse, H. (1978). *A ideologia da sociedade industrial*. Zahar.

Menezes, L. C. (2002). As depressões: a psicanálise em questão. In M. L. Violante (Org.), *O (im)possível diálogo: psicanálise e psiquiatria* (pp. 65-80). Via Lettera.

Mezan, R. (1988). *Freud pensador da cultura*. Brasiliense.

Mezan, R. (1998). Psicanálise e neurociências: uma questão mal colocada. In S. V. Bettarello (Org.), *Perspectivas psicodinâmicas para a psiquiatria* (pp. 27-41). Lemos.

Moreno, R. A., Moreno, D. H., & Soares, M. B. M. (1999, maio). Psicofarmacologia de antidepressivos. *Revista Brasileira de Psiquiatria, 21*, 24-40.

Moscovici, S. (1978). *Representações sociais: investigações em psicologia social*. Vozes.

Novaes, A. (Org). (1988). *Os sentidos das paixões*. Companhia das Letras.

Organização Mundial da Saúde. (1993). *Classificação de transtornos mentais e de comportamento da CID-10: descrições clínicas e diretrizes diagnósticas*. Artes Médicas.

Pereira, R. de F. (1996). A histeria no século da psicanálise. In A. Slavutzky, *História, clínica e perspectiva nos cem anos da psicanálise* (pp. 39-56). Artes Médicas.

Revista Brasileira de Psiquiatria. *Depressão*. 1999, v. 21.

Roudinesco, E. (2000). *Por que a psicanálise?* Jorge Zahar.

Violante, M. L. (Org.). (2002). *O (im)possível diálogo: psicanálise e psiquiatria*. Via Lettera.

Série Psicanálise Contemporânea

Adoecimentos psíquicos e estratégias de cura: matrizes e modelos em psicanálise, de Luís Claudio Figueiredo e Nelson Ernesto Coelho Junior

O brincar na clínica psicanalítica de crianças com autismo, de Talita Arruda Tavares

Budapeste, Viena e Wiesbaden: o percurso do pensamento clínico-teórico de Sándor Ferenczi, de Gustavo Dean-Gomes

Chuva n'alma: A função vitalizadora do analista, de Fátima Flórido Cesar, Marina F. R. Ribeiro e Luís Claudio Figueiredo

A cientificidade da psicanálise: novos velhos horizontes, com organização de Vitor Carvalho e Marcelo Ferretti

Clínica da excitação: psicossomática e traumatismo, de Diana Tabacof

Da excitação à pulsão, com organização de Cândida Sé Holovko e Eliana Rache

De Narciso a Sísifo: os sintomas compulsivos hoje, de Julio Verztman, Regina Herzog, Teresa Pinheiro

Depressão & doença nervosa moderna, 2. ed., de Maria Silvia Borghese

Do pensamento clínico ao paradigma contemporâneo: diálogos, de André Green e Fernando Urribarri

Do povo do nevoeiro: psicanálise dos casos difíceis, de Fátima Flórido Cesar

Em carne viva: abuso sexual de crianças e adolescentes, de Susana Toporosi

Escola, espaço de subjetivação: de Freud a Morin, de Esméria Rovai e Alcimar Lima

Escola e subjetivação: diferentes perspectivas, de Esméria Rovai e Alcimar Lima

Expressão e linguagem: aspectos da teoria freudiana, de Janaina Namba

Fernando Pessoa e Freud: diálogos inquietantes, de Nelson da Silva Junior

Figuras do extremo, de Marta Rezende Cardoso, Mônica Kother Macedo, Silvia AbuJamra Zornig

O grão de areia no centro da pérola: sobre neuroses atuais, de Paulo Ritter e Flávio Ferraz

Heranças invisíveis do abandono afetivo: um estudo psicanalítico sobre as dimensões da experiência traumática, de Daniel Schor

Histórias recobridoras: quando o vivido não se transforma em experiência, de Tatiana Inglez-Mazzarella

Identificação: imanência de um conceito, de Ignácio A. Paim Filho, Raquel Moreno Garcia

A indisponibilidade sexual da mulher como queixa conjugal: a psicanálise de casal, o sexual e o intersubjetivo, de Sonia Thorstensen

Interculturalidade e vínculos familiares, de Lisette Weissmann

Janelas da psicanálise: transmissão, clínica, paternidade, mitos, arte, de Fernando Rocha

O lugar do gênero na psicanálise: metapsicologia, identidade, novas formas de subjetivação, de Felippe Lattanzio

Os lugares da psicanálise na clínica e na cultura, de Wilson Franco

Luto e trauma: testemunhar a perda, sonhar a morte, de Luciano Bregalanti

Matrizes da elaboração psíquica no pensamento psicanalítico: entre Freud e Ferenczi, de Thiago da Silva Abrantes

Metapsicologia dos limites, de Camila Junqueira

Os muitos nomes de Silvana: contribuições clínico-políticas da psicanálise sobre mulheres negras, de Ana Paula Musatti-Braga

Nem sapo, nem princesa: terror e fascínio pelo feminino, de Cassandra Pereira França

Neurose e não neurose, 2. ed., de Marion Minerbo

A perlaboração da contratransferência: a alucinação do psicanalista como recurso das construções em análise, de Lizana Dallazen

Psicanálise de casal e família: uma introdução, com organização de Rosely Pennacchi e Sonia Thorstensen

Psicanálise e ciência: um debate necessário, de Paulo Beer

Uma psicanálise errante: andanças cinemáticas e reflexões psicanalíticas, de Miriam Chnaiderman

Psicopatologia psicanalítica e subjetividade contemporânea, de Mario Pablo Fuks

Psicossomática e teoria do corpo, de Christophe Dejours

Razão onírica, razão lúdica: perspectivas do brincar em Freud, Klein e Winnicott, de Marília Velano

Relações de objeto, de Decio Gurfinkel

Ressonâncias da clínica e da cultura: ensaios psicanalíticos, de Silvia Leonor Alonso

Sabina Spielrein: uma pioneira da psicanálise – Obras Completas, volume 1, 2. ed., com organização, textos e notas de Renata Udler Cromberg

Sabina Spielrein: uma pioneira da psicanálise – Obras Completas, volume 2, com organização, textos e notas de Renata Udler Cromberg

O ser sexual e seus outros: gênero, autorização e nomeação em Lacan, de Pedro Ambra

Tempo e ato na perversão: ensaios psicanalíticos I, 3. ed., de Flávio Ferraz

O tempo e os medos: a parábola das estátuas pensantes, de Maria Silvia de Mesquita Bolguese

Tempos de encontro: escrita, escuta, psicanálise, de Rubens M. Volich

Transferência e contratransferência, 2. ed., de Marion Minerbo

GRÁFICA PAYM
Tel. [11] 4392-3344
paym@graficapaym.com.br